사람을 움직여라

How to Win Friends and Influence People

사람을 움직여라

2018년 2월 05일 초판 1쇄 인쇄
2018년 2월 10일 초판 1쇄 발행

지은이 데일 카네기
옮긴이 정재헌
발행인 손건
편집기획 김상배, 홍미경
마케팅 이언영
디자인 이성세
제작 최승용
인쇄 선경프린테크

발행처 LanCom 랭컴
주소 서울시 영등포구 영신로 38길 17
등록번호 제 312-2006-00060호
전화 02) 2634-0178 02) 2636-0895
팩스 02) 2636-0896
홈페이지 www.lancom.co.kr

ISBN 979-11-88112-53-1 03320

데일 카네기
사람을
움직여라

데일 카네기 지음

정재헌 옮김

북스데이
BOOK'S DAY

차례

Part 4

잘못을 바로잡는 아홉 가지 비결

세계적으로 잘 알려진 어느 출판사의 사장은 자기는 75년이나
출판을 해 왔지만 지금까지도 8권의 책을 발행하면 7권은 적자
를 면치 못한다고 말했다.

그런데도 왜 나는 또 하나의 책을 쓰려고 하는 걸까? 그리고
왜 당신은 이 책을 돈을 주고 사서 읽느라 고생을 할까?

나는 1912년부터 뉴욕에 있는 사업가들과 직장인들을 대상으
로 교육 강좌를 진행하고 있다. 처음에는 사람들이 면접시험이
나 대중 앞에서 자기 생각을 분명하고 효과적으로 표현할 수 있
는 화술만 강의했다.

하지만 세월이 갈수록 나는 효과적인 화술뿐만 아니라 일상적
인 업무와 사회생활을 하는 데 있어서 사람들과 잘 사귀는 기술
에 대한 훈련이 더욱 필요하다는 것을 절실하게 깨달았다.

사람을 사귀는 일은 특히 당신이 대인관계에 서툰 사람이라면
아마도 당신이 당면하고 있는 가장 큰 문제일 것이다. 그렇다.
사람을 만나고 사귀고 호감을 주고받는 일은 당신이 사업가든
직장인이든 미술가든 건축가든 자영업자든 누구에게나 다 똑같
이 중요한 문제이다.

몇 년 전에 카네기 교육진흥재단 후원으로 이루어진 조사에서 아주 중요한 사실을 발견했는데 그 사실은 나중에 카네기 기술 연구소에서 실시한 추가 연구로 재확인되었다.

그것은 재정적으로 성공한 사람들의 성공요인에 관한 연구였는데, 엔지니어링과 같은 전문기술 분야에서조차도 성공한 사람들의 15퍼센트는 기술적 지식에 의한 것이고, 85퍼센트 정도는 사람을 움직이는 능력에 의한 것이었다.

여러 해 동안 나는 필라델피아의 엔지니어 클럽과 미국 전자 기술 연구소의 뉴욕 지부에서 해마다 강좌를 진행했다. 아마 1,500명 이상의 기술자들이 내 강좌를 들었을 것이다.

그들이 나를 찾아온 이유는 그동안의 경험과 관찰 끝에 기술 분야에서 가장 급여를 많이 받는 사람은 기술이나 전문지식이 가장 뛰어난 사람이 아니라 전문지식에 더해 자신의 생각을 표현하는 능력과 사람들 사이에 열정을 불러일으키는 리더십을 가진 사람이라는 것을 깨달았기 때문이었다.

사업이 한참 전성기를 이루고 있었을 때 존 D. 록펠러는 이러한 능력에 대해 이렇게 말했다.

사람을 다루는 능력은 설탕이나 커피처럼 구입 가능한 것이다. 그러므로 나는 세상의 다른 어떤 것보다 그런 능력에 대해 더 많이 지불하겠다.

사람들은 아마 모든 대학이 세상에서 가장 가치 있는 능력개발을 위한 교육을 하고 있다고 생각할 것이다. 하지만 이 세상에 단 한 군데라도 성인을 위한 실제적이고 유용한 강좌가 있었다면 나는 이 글을 쓰지 않았을 것이다.

시카고 대학과 YMCA 연합학교는 성인들이 바라는 과목이 무엇인지 조사했다. 이 조사에는 25,000달러의 비용과 2년이라는 기간이 소요되었다. 조사의 뒷부분은 코네티컷 주의 메리덴에서 행해졌는데, 그 이유는 그 도시가 전형적인 미국 도시로 선정되었기 때문이었다. 메리덴에 사는 모든 성인들은 무려 156개의 질문에 답을 해야 했다. 질문 내용은 "당신의 직업은 무엇인가? 여가 시간은 어떻게 보내는가? 교육 수준은? 수입은? 취미는? 고민은? 최대 관심사는?" 등등이었다.

이 조사에서 성인들의 가장 큰 관심사는 건강으로 나타났고, 두 번째 관심사는 사람들을 어떻게 사귀고, 어떻게 호감을 얻고, 어떻게 설득할 수 있는가 하는 것이었다.

그래서 조사를 담당한 위원회에서는 메리덴에 사는 성인들을 위해 이러한 강좌를 개최할 필요성을 느끼고 강좌를 위한 실용적인 교재를 찾기 시작했다. 하지만 그들은 찾지 못했다. 성인 교육에 대한 세계적인 권위자에게도 도움을 요청했지만 이제껏 그런 종류의 책이 출판된 적은 없다는 답변뿐이었다.

나 역시 인간관계에 대한 실제적이고 실용적인 책을 열심히 찾아보았지만 그런 책은 아예 존재하지도 않았다. 그래서 나는 내 강좌에 사용하기 위해 책을 쓰기 시작했다. 그것이 바로 이 책이다. 그리고 나는 이 책이 당신에게 도움이 되기를 바란다.

이 책을 준비하는 동안 우리는(나는 숙련된 연구원을 한 명 고용했다) 신문기사, 잡지기사, 법원 기록, 철학자들과 심리학자들의 논문 등을 찾아 읽었다. 심리학에 관한 방대한 책들을 꾸준히 읽고, 수많은 전기들을 자세히 읽으며 줄리어스 시저부터 토머스 에디슨까지 위대한 사람들의 일생을 살펴보았다. 아마 시어도어 루즈벨트 전기는 100권도 넘게 읽었을 것이다.

우리는 고대부터 오늘날까지 친구를 사귀고 사람들을 설득하는 모든 실제적인 아이디어를 찾는 데 시간과 경비를 아끼지 않고 투자했다.

마르코니(발명가), 에디슨(발명가), 프랭클린 루즈벨트(정치 지도자), 제임스 파리에(정치 지도자), 오웬 영(사업가), 클라크 게이블(영화배우), 메리 픽포드(영화배우), 마틴 존슨(탐험가) 등 세계적으로 유명한 사람들과도 헤아릴 수 없을 만큼 많이 만나 인터뷰했다.

이러한 자료들을 모아 지난 몇 년 동안 나는 뉴욕에 있는 〈카네기 코스〉에서 성인들을 위해 강의했다. 나는 강의를 마칠 때마다 참석자들에게 오늘 배운 내용을 실제로 적용해 보고 다음 강의 시간에 발표해 달라고 요청했고, 사람들은 새로운 종류의 실험에 참가한다는 생각에 무척 흥분하면서 적극적으로 호응해 주었다.

그렇게 이 책은 아이가 자라는 것처럼 수많은 사람들의 경험과 실험을 통해서 성장하고 개발된 책이다.

이 책을 통해 수많은 사람들이 적을 동지로 만들었고, 인생철학을 완전히 바꾸었으며, 세일즈맨들은 놀라운 판매 실적을 올리게 되었고, 직장인들은 승진했고, 부부들은 사이가 좋아졌다고 말했다.

사람들은 강좌에 와서 자기가 달성한 새로운 결과를 보고하면서 스스로 놀라곤 한다. 마술 같은 결과에 너무 감격해서 다음 강좌의 자기 발표 시간을 기다리지 못하고 나에게 전화를 거는 사람도 있었다.

하버드 대학을 졸업하고 지금은 카펫 공장을 경영하고 있는 어느 부유한 사업가는, 사람을 움직이는 처세술에 대하여 대학 4년 동안 배운 것보다 내 강좌의 13주 훈련과정에서 훨씬 더 많이 배웠다고 말했다.

과장이 너무 지나치다고? 물론 당신은 내 말을 무시할 권리가 있다. 하지만 그런 당신에게 나는 1933년 2월 23일 목요일 저녁 뉴욕 예일 클럽에서 하버드 대학의 윌리엄 제임스 교수가 연설한 내용의 일부를 들려주고 싶다.

본래 우리의 능력에 비교해 본다면 우리는 절반밖에 깨어 있지 못합니다. 우리의 육체적·정신적 능력의 일부만 사용하고 있을 뿐인 것입니다. 이것을 보다 넓은 의미로 해석하면 인간

은 자신의 능력 한계에 훨씬 못 미치는 삶을 살고 있다는 뜻이
죠. 인간은 자신이 가진 무한한 능력을 습관적으로 사용하지
못하고 있는 것입니다.

이 책의 유일한 목적은 당신이 '습관적으로 사용하지 않고 있
는' 무한한 재능을 발견하고 계발하여 이익을 얻도록 도와주는
데 있다.

프린스턴 대학교 총장이었던 존 히븐 박사는 이렇게 말했다.

"교육이란 인생의 각종 상황에 대처하는 능력이다."

허버트 스펜서는 이렇게 말했다.

"교육의 가장 큰 목표는 지식이 아니라 행동이다."

이 책은 바로 각종 상황에 대처하는 책이고 행동으로 실천하는
책이다.

데일 카네기

● 이 책의 효과적인 활용법

1. 이 책을 효과적으로 활용하기 위해서는 꼭 필요한 조건이 하나 있다. 이 기본적인 필요조건을 갖추고 있지 않다면 배우는 방법에 대한 수천 가지의 규칙도 거의 소용 없을 것이다. 이 기본적인 필요조건은 아주 간단한 것이다.

   배우고자 하는 진지하고도 강한 욕구!

   자신에게 끊임없이 이렇게 말하라.

   "나의 인기와 행복, 자존심은 사람들을 대하는 나의 능력에 달려 있다."

2. 처음에는 전체적인 내용을 알기 위해서 각 장을 빠른 속도로 읽어라. 그리고 다시 처음으로 돌아가서 각 장을 철저하게 반복해서 읽어라. 긴 안목으로 볼 때 이렇게 하는 것이 오히려 시간을 절약하고 성과를 올리는 데 큰 도움을 줄 것이다.

3. 가끔씩 읽기를 중단하고 지금 읽은 부분에 대해 충분히 생각하라. 그리고 책에서 제안하는 방법을 언제 어떻게 누구에게 적용할 것인지 스스로에게 물어라.

4. 손에 연필이나 형광펜을 들고 읽다가 필요한 부분에 밑줄을 그어라. 아주 중요한 부분에는 별표로 표시하라. 줄을 긋거나 표시를 하면서 읽으면 독서가 재미있어지고 다시 읽을 때 빨리 읽게 해준다.

5. 나는 보험회사에서 15년째 매니저로 일하고 있는 여성을 알고 있다. 그녀는 매달 자기가 체결한 모든 보험증서를 읽는다고 말했다. 왜? 그렇게 하는 것만이 계약 조항을 분명하게 기억할 수 있는 유일한 방법이라는 것을 그녀의 오랜 경험이 가르쳐 주었기 때문이다.
나는 청중과 대화하는 법에 관한 책을 쓰는 데 거의 2년 걸렸다. 그런데도 지금 나는 책에 썼던 것을 기억해 내기 위해 책을 들추어야 한다. 기억했던 것을 잊어버리는 속도는 얼마나 빠른지!
그러니 이 책을 효과적으로 활용하고 싶다면 한 번 대충 읽어보는 것으로 충분하다는 생각을 버려야 한다. 책상 위에 이 책을 놓아두고 자세히 읽고 반복해서 읽어라.

6. 버나드 쇼는 이렇게 말했다.

만일 당신이 누군가에게 무엇인가를 가르치려고 한다면 그 사람은 절대로 그것을 배우지 못할 것이다.

배운다는 것은 하나의 행동 과정이다. 행동함으로써 배우는 것이다. 그러므로 이 책을 효과적으로 활용하고 싶다면 기회가 날 때마다 이 책에서 배운 원리들을 적용해야 한다. 활용된 지식만이 마음에 남는 법이니까.

물론 이 책을 쓴 나 자신도 그렇게 하기가 무척 어렵다는 것을 잘 알고 있다. 불쾌한 일을 당했을 때, 다른 사람의 관점에서 이해하려고 노력하는 것보다는 다른 사람을 비판하거나 비난하는 것이 훨씬 쉽기 때문이다. 그리고 다른 사람의 관심사에 대해 이야기하는 것보다 자기 자신의 관심사에 대해 이야기하는 것이 사실 훨씬 자연스러운 일이기도 하니까.

그러므로 이 책을 읽을 때, 당신은 단순히 뭘 배우기 위해서 읽고 있는 것이 아니라 새로운 습관을 형성하기 위해 노력하고 있는 중이라는 것을 명심해야 한다.

새로운 습관, 새로운 생활방식을 형성하기 위해서는 시간과 노력, 끈기, 인내 그리고 매일의 실습이 필요하다.

7. 배우자, 자녀, 직장 동료에게 당신이 지금 이 책을 읽고 있으며 생활방식을 바꾸고 있는 중이라는 것을 알려라. 그리고 당신이 이 원리들을 지키지 않는 것을 발견하면 벌금을 내겠다고 제안하라. 당신에게 꼭 필요한 원리를 마스터하기 위해 게임을 해보는 것도 멋진 방법이다.

8. 매주 한 번씩이라도 날짜와 시간을 정해놓고 반성의 시간을 가져라. 한 주 동안 있었던 일을 기록한 모든 자료를 앞에 펴놓고 차근차근 돌아보고 검토하라.
   내가 무슨 실수를 했던가? 잘한 일은 무엇이었던가? 그 경험에서 무엇을 배울 수 있을까?
   이렇게 계속하다 보면 어느새 자신의 결단력과 대인관계 능력이 엄청나게 성장한 것을 확실히 알게 될 것이다.

9. 이 책 끝부분에 있는 기록란을 참고하여 실천노트를 만들어라. 기록을 하는 것만으로도 당신은 자기 성장을 위해 더욱 노력할 수 있는 힘과 영감을 얻게 될 것이다.

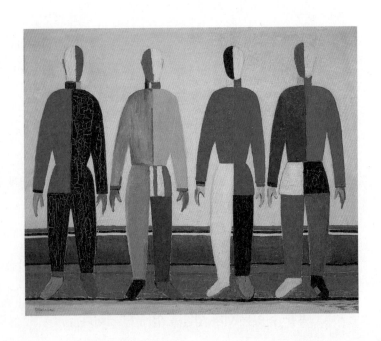

Part 1

사람을 움직이는
원칙

1. 잘못을 용서하라

1931년 5월 7일, 뉴욕의 웨스트엔드 거리에서는 대대적인 살인범 체포 작전이 벌어지고 있었다. 몇 주째 계속된 추격과 수색 끝에 쌍권총 크로울리가 여자 친구의 아파트에 숨어 있는 것을 찾아낸 경찰은 범인이 숨어 있는 아파트를 150여 명의 무장경찰을 동원해 빈틈없이 포위하고, 건너편 빌딩 옥상에는 기관총을 설치했다.

경찰대는 크로울리를 아파트 밖으로 끌어내기 위해 아파트 천장에 구멍을 뚫고 최루가스를 쏘았지만 크로울리는 막무가내로 버티면서 두꺼운 소파 뒤에 숨어 아파트를 포위하고 있는 경찰들을 향해 마구 권총을 쏘아댔다.

뉴욕의 고급 주택가에 1시간 이상이나 총성이 울려 퍼졌고, 뉴욕 한복판에서 벌어진 무시무시한 총격전을 보려고 1만 명이나 되는 구경꾼들이 모여들었다.

마침내 크로울리는 체포되었다.

당시 경찰국장 멀루니는 이렇게 발표했다.

"쌍권총 크로울리는 사소한 이유만으로도 사람을 죽이는 살인마로서 뉴욕 범죄사상 가장 악질적인 흉악범입니다."

그렇다면 크로울리는 자신에 대해 어떻게 생각하고 있을까? 다행히도 그의 생각을 알 수 있는 단서가 있다. 필사적인 총격전을 벌이면서도 그는 '관계자 여러분' 앞으로 편지를 썼던 것이다. 군데군데 피로 얼룩진 편지에는 이런 내용이 있다.

"비록 죽을 만큼 지쳐 있지만 내 가슴 속에는 부드럽고 온화한 마음이 있다. 그것은 어느 누구에게도 상처를 주고 싶지 않은 따뜻한 마음이다."

체포되기 얼마 전에, 크로울리는 롱아일랜드의 어느 시골길에 차를 세워 놓고 여자 친구와 사랑을 나누고 있었다. 때마침 지나가던 경찰관이 수상하게 생각하고 자동차로 다가가서 창문을 두드리며 면허증을 보여달라고 말했다.

경찰관의 말이 채 끝나기도 전이었다. 크로울리는 말 한 마디도 없이 권총을 뽑아들고 경찰관을 쏘았다. 경찰관이 쓰러졌다. 그러자 그는 곧바로 차에서 뛰어내려 경찰관의 허리춤에서 총을 꺼내들더니 이미 쓰러진 경찰관에게 또 다시 총을 쏘았다.

이런 살인마가 자기는 '어느 누구에게도 상처를 주고 싶지 않은 따뜻한 마음'이라고 말하고 있는 것이다.

크로울리는 사형선고를 받았다. 마침내 전기의자에 앉았을 때 그는 뭐라고 말했을까? 후회한다고? 미안하다고? 용서해 달라고? 천만에! 그는 마지막까지도 자기의 정당방위를 주장했다.

"나는 내 몸을 지키려고 했을 뿐이다."

이것이 그의 마지막 말이었다.

이 이야기의 요점은 크로울리처럼 악마 같은 인간조차도 절대로 자신을 나쁘다고 생각하지 않는다는 사실이다. 이런 사고방식을 가진 범죄자는 얼마든지 있다. 하물며 우리 같은 보통 사람들이야 말할 것도 없을 것이다.

한때 미국을 공포에 떨게 했던 암흑가의 왕자 알 카포네는 이렇게 한탄했다고 한다.

"한참 잘나가던 시절에 나는 사회를 위해 헌신했고 남들을 위해 봉사했다. 그런데 지금 내가 그 대가로 받은 것은 세상의 싸늘한 비난과 범죄자라는 낙인뿐이다."

알 카포네 역시 자기는 악인이 아니라 자선가인데 세상 사람들이 오해하고 있는 것이라고 생각했던 것이다.

뉴욕의 악명 높은 더치 슐츠도 갱들의 권력다툼으로 목숨을 잃기 얼마 전에 신문기자와 인터뷰를 하면서 '나는 자선가'라고 말했는데, 실제로 그는 그렇게 믿고 있었다.

이 문제에 관하여 나는 뉴욕에 있는 교도소 가운데서도 가장 악명 높은 싱싱 교도소의 소장으로 있던 루이스 로즈와 여러 번 편지를 주고받았는데, 그는 이렇게 단언했다.

"수감자들 가운데 자기 자신을 악인이라고 생각하는 사람은 거의 없습니다. 그들은 하나같이 자기가 선량한 보통 사람들과 조금도 다르지 않다고 생각하고 있으며, 철저하게 자기 행위를 정당방위라고 믿고 있습니다. 그래서 그들은 자기가 왜 금고를 털지 않으면 안 되었는지, 왜 권총의 방아쇠를 당겨야만 했는지 온갖 이유를 대며 합리화합니다. 그리고 자기가 형무소에 수감되어 있는 것은 정말 억울하고 부당한 일이라고 생각합니다."

미국의 위대한 실업가 존 워너메이커는 이렇게 말했다.

"사람을 꾸짖는 것이 바보짓이란 사실을 나는 30년 전에 이미 깨달았다. 그래서 나는, 신이 모든 인간에게 평등한 능력을 부여해 주지 않은 일에 대해 화를 내느라 시간을 낭비하지 말고 나 자신의 한계나 극복하자고 결심했다!"

워너메이커는 젊은 나이에 이 진리를 깨달았지만, 유감스럽게도 나는 40세 가까이 되어서야 겨우, 인간이란 어떤 잘못을 저질러도 절대로 자기가 나쁘다고 생각하지 않는다는 사실을 깨닫기 시작했다.

다른 사람의 잘못을 들추어내고 비난하는 것은 바보짓이다. 상대방은 곧바로 방어태세를 갖추고 자신을 정당화하려 기를 쓸 것이고, 상한 자존심은 결국 반항심으로 이어지기 때문이다.

다른 사람의 잘못을 들추어내고 비난하는 것이 이롭지 않다는 사실은 역사적으로도 얼마든지 찾아볼 수 있다. 루즈벨트 대통령과 그 후계자인 태프트 대통령의 반목은 세상이 다 아는 일이었다. 두 사람의 반목은 공화당을 분열시켰고 덕분에 민주당의 윌슨은 차기 대통령으로 선출되었으며, 그리하여 제1차 세계대전에 미국이 참전하여 세계역사의 흐름을 바꿔버리는 계기가 되었다. 그 유명한 사건을 잠시 더듬어 보자.

1908년, 루즈벨트는 같은 공화당의 태프트를 지지하여 대통령으로 만든 다음 아프리카로 사자사냥을 떠났다. 얼마 후 귀국한 루즈벨트는 태프트의 지나치게 보수적인 일처리 방법이 도무지 마음에 들지 않았고 이때부터 두 사람의 반목은 시작되었다.

루즈벨트는 다음 대통령 지명권을 확보하기 위하여 진보당을 조직했고, 당장 위기에 처한 공화당은 다음 선거에서 태프트를 대통령 후보로 내세워 겨우 버몬트와 유타에서만 지지를 얻는 전례 없는 참패를 당했다. 이에 대해 루즈벨트는 태프트를 맹렬하게 비난했다.

하지만 태프트는 자기가 잘못했다고 생각했을까? 물론 그는 절대로 그렇게 생각하지 않았다. 그는 지금 다시 그때로 돌아간다 해도 역시 그렇게 할 수밖에 없을 것이라고 말하면서 얼마나 억울한지 눈물까지 흘렸다.

그렇다면 두 사람 가운데 누가 옳았을까? 솔직히 나로서는 알 수 없다. 사실 알 필요도 없다. 내가 여기서 말하고 싶은 것은 설령 태프트가 전적으로 잘못했다 해도 루즈벨트가 태프트를 비난한 것은 아무 소용이 없었다는 것이다. 루즈벨트의 비난은 태프트에게 반성은커녕 어떻게든 자기의 입장을 정당화하려고 기를 쓰게 했을 뿐이니까.

티포트 돔 유전 사건은 미국 역사상 전례가 없는 정치 스캔들로, 몇 년을 두고 온 국민을 격분하게 했던 사건이었다.

하딩 행정부의 내무장관이었던 앨버트 폴은 당시 정부 소유의 티포트 돔과 엘크 힐의 유전 임대에 관한 실권을 쥐고 있었다. 이 유전들은 해군용으로 따로 보존해 두고 있었던 것인데, 폴은 정식 입찰 절차도 없이 친구인 에드워드 도헤니에게 아주 유리한 조건으로 대여해 주었고, 덕분에 도헤니는 졸지에 벼락부자가 되었다. 도헤니는 곧 폴에게 10만 달러를 빌려주는 형식으로 융통해 주었다.

그러자 내무장관 폴은 해병대를 동원하여 그 유전 근처의 다른 업자들을 쫓아내기 시작했다. 엘크 힐의 석유 매장량이 근처 유전 때문에 감소될 것을 염려했던 것이다.

하지만 총칼 앞에 쫓긴 사람들이 당하고 가만히 앉아 있을 리 없었다. 그들은 일제히 들고 일어나 법정에 호소하여, 이 추잡한 사건을 폭로했다.

이 사건의 충격을 견디지 못하고 하딩 대통령은 끝내 목숨을 잃었고, 온 국민의 격분 속에서 공화당은 위기에 빠졌으며, 앨버트 폴은 투옥되었다. 폴은 현직 고위관리로서는 전례가 없는 중형을 선고받았다.

그러면 폴은 죄를 뉘우쳤을까? 천만에!

그로부터 몇 년이 지난 어느 날, 허버트 후버 대통령은 어느 강연회에서 이 사건에 대해 언급하면서 하딩 대통령이 죽은 것은 친구에게 배신당한 정신적 고통 때문이었다고 말했다. 마침 그 자리에 와 있던 폴 부인은 그 말을 듣자마자 갑자기 의자에서 벌떡 일어나더니, 불끈 쥔 주먹을 휘두르면서 째지는 목소리로 외쳤다.

"하딩이 폴에게 배신당했다고요? 천만에요! 내 남편은 누구도 배신한 적이 없어요. 이 건물을 가득 채울 만큼의 황금으로도 내 남편을 나쁜 짓에 끌어들이지는 못했을 겁니다. 배신 당산 사람은 오히려 내 남편이라고요."

악한 인간일수록 자기 잘못은 쏙 빼놓고 남의 잘못만 들추어내는 법이다. 하지만 이것은 악한들에게만 국한된 천성은 아니다. 사실 우리도 모두 그렇다. 그러니 만일 누군가를 비난하고 싶어지거든, 알 카포네나 크로울리, 앨버트 폴의 이야기를 생각해 주기 바란다. 비난이란 집비둘기와 같아서 언제나 자기 집으로 돌아오는 법이다.

1865년 4월 15일 토요일 아침, 포드 극장에서 존 월크스 부스의 총에 맞은 링컨 대통령은 급히 건너편에 있는 허름한 여관방으로 옮겨졌다. 거구의 링컨에게 침대는 너무 짧았고, 그래서 사람들은 그를 침대 위에 대각선으로 비스듬히 눕힐 수밖에 없었다. 옆에 서 있던 스탠튼 국방장관이 중얼거렸다.

"여기 누워 있는 이 분만큼 사람의 마음을 완전히 사로잡을 수 있는 사람은 또 없을 거야."

사람의 마음을 그렇게 완전히 사로잡을 수 있었던 링컨의 비결은 무엇일까?

나는 링컨의 생애를 10년 동안 연구했고, 다시 꼬박 3년 동안 《세상에 알려지지 않은 링컨》이란 제목으로 책을 쓴 사람이다. 그러니 링컨의 성품과 인간성, 그리고 그 가정생활에 대하여 누구보다 잘 안다고 자부해도 아무도 뭐라 하지 않을 거라고 생각한다. 특히 링컨이 사람을 대하는 방식에 대해서는 더욱 세밀하게 연구했다.

링컨은 절대로 남을 비난하지 않는 사람인가? 천만에! 그는 젊었을 때 인디애나 주의 피죤 크리크 밸리라는 조그만 도시에서 살았는데, 그때 그는 남의 잘못을 들추어내는 정도가 아니라 상대방을 조롱하는 시나 편지를 써서 사람들 눈에 잘 보이는 길거리에 뿌리고 다녔다. 덕분에 평생 그에게 반감을 갖게 된 사람까지 있을 정도였다.

그 뒤 스프링필드에서 변호사 개업을 한 뒤에도 그는 반대파 인사들에 대한 비판을 신문지상에 기고하는 따위의 짓을 자주 했는데, 그것이 지나쳐서 큰 말썽이 생긴 적도 있었다.

1842년 가을, 링컨은 허영심 많고 호전적인 아일랜드계 정치가, 제임스 쉴즈에 대한 풍자문을 익명으로 스프링필드 저널지에 투고했다. 이 글이 신문에 게재되자 사람들은 온통 쉴즈를 비웃었다. 예민하고 자존심이 강한 쉴즈는 격분했다.

졸지에 온 세상의 웃음거리가 된 그는 온 세상을 다 뒤져서라도 투고한 사람을 기어이 찾아낼 기세로 달려들어 결국 투고자가 링컨이라는 것을 알아냈다. 그는 곧바로 링컨에게 달려와 결투를 신청했다.

링컨은 결투를 할 생각은 전혀 없었고 결투는 바보짓이라고 반대하는 입장이었지만 절대로 거절할 수 없는 상황에 처하고 말았다. 어쩔 수 없이 링컨은 팔이 긴 사람에게 유리한 기병용의 날이 넓은 검을 선택한 다음, 육군사관학교 출신의 친구에게 검쓰는 법을 배우기 시작했다.

약속한 날이 되었다. 두 사람은 미시시피 강가 모래밭에 마주 섰다. 죽음의 결투를 앞둔 두 사람 사이에 팽팽한 긴장감이 감돌았다. 다행히 쌍방 입회인들이 결투가 시작되기 직전까지 적극적으로 중재한 덕분에 결투는 중단되었다.

그것은 링컨의 생애에서 개인적으로 가장 끔찍한 사건이었다. 이 사건으로 사람을 대하는 태도에 대해서 귀한 교훈을 얻게 된 링컨은 그 날 이후로는 절대로 남을 조롱하는 편지를 쓰지 않았고, 남을 공격하거나 비난하지 않게 되었다.

1863년 7월 1일부터 사흘 동안 게티즈버그에서는 격전이 벌어지고 있었다. 7월 4일 밤이 되자 폭풍우가 거세게 몰아쳤다. 로버트 리 장군은 거친 날씨를 틈타 패배한 군대를 이끌고 남쪽으로 후퇴하기 시작하여 마침내 포토맥 강까지 퇴각했다. 하지만 밤새 쏟아진 폭우로 강물이 엄청나게 불어난데다가 물살이 세서 도저히 건너갈 수 없는 상태였다. 게다가 뒤에서는 기세를 잡은 북군이 바짝 추격해 오고 있었다. 남군은 완전히 몰살당할 위기에 처하고 말았다.

링컨은 전쟁을 바로 종결시킬 수 있는 좋은 기회가 왔다는 기대에 부풀어, 미드 장군에게 작전회의를 생략하고 곧바로 적을 추격하라고 명령했다. 이 명령은 우선 전보로 미드 장군에게 전달되었고 그것도 못 미더워서 특사까지 파견되었다.

그런데 미드 장군은 링컨의 명령과는 정 반대의 행동을 취했다. 작전회의를 열어 시간을 지연시키고, 여러 가지 구실을 붙여 공격을 거부한 것이다. 그러는 동안 강물이 줄어, 리 장군은 남군을 이끌고 강 건너로 퇴각해버렸다.

링컨은 격분하여 마침 옆에 있던 아들 로버트에게 소리쳤다.

"무슨 일을 이따위로 하는 거야! 독안에 든 쥐를 놓쳤잖아? 간단히 끝낼 수 있는 일을 손가락 하나 까딱하지 않다니! 아무리 무능한 장군이라도 리를 쳐부술 수 있었을 거야! 나라도 할 수 있었을 거라구!"

링컨은 몹시 분개하며 곧바로 미드 장군에게 편지를 썼다.

친애하는 미드 장군,

리 장군의 탈출로 인해 어떤 불행한 사태가 초래될지 그 중대성을 장군은 정확하게 인식하지 못하는 것 같습니다. 리 장군은 분명히 우리 손에 들어 있었으며, 추격했다면 곧바로 전쟁을 끝낼 수 있었을 것입니다.

다시 만나기 어려운 기회를 놓친 지금, 전쟁 종결은 기대할 수 없게 되었습니다. 가장 안전하게 공격할 수 있었던 지난 월요일에 장군은 그를 공격하지 못했으니, 그가 강을 건너간 지금에 와서는 절대로 불가능할 것입니다. 그날을 기준으로 생각하면 지금의 병력은 그날의 3분의 2밖에 안 되기 때문입니다. 앞으로 장군의 활약을 기대하는 것은 무리일 것 같습니다. 장군이 천재일우의 기회를 놓쳐버린 것 때문에 나는 더 없는 괴로움에 빠져 있습니다.

미드 장군은 이 편지를 읽고 어떻게 생각했을까? 하지만 미드 장군은 이 편지를 읽지 못했다. 링컨이 발송하지 않았던 것이다.

이 편지는 링컨이 죽은 뒤 그의 서류 속에서 발견되었다. 내 생각에는 아마도 링컨이 편지를 다 쓰고 나서 잠시 창밖을 내다보았을 것 같다. 그리고 그는 아마 이렇게 중얼거렸을 것 같다.

"기다리자. 서두르지 않는 게 좋아. 조용한 백악관 안에 앉아서 공격명령을 내리는 건 아주 쉽지. 하지만 게티즈버그 전선에서 미드 장군이 지난 1주 동안 본 것을 내가 직접 보고, 부상자들의 비명과 신음소리를 들었다면, 그리고 내가 미드처럼 소심한 성격이었다면 나도 틀림없이 그랬을 거야. 그리고 어차피 지난 일이야. 이 편지를 보내면 속은 좀 후련할지 몰라도 마드는 어떨까? 그는 변명거리를 찾으려고 애쓸 것이고 나에 대한 반감 때문에 결국 쓸모없는 사령관이 되어 군을 떠나게 될 거야."

대통령 재임 기간 동안 루즈벨트는 어려운 문제에 부딪칠 때마다 응접실 벽에 걸려 있는 링컨의 초상화를 보면서 링컨이라면 이 문제를 어떻게 처리할지 생각했다고 한다. 우리도 다른 사람을 맹렬히 비난하고 싶어질 때마다 루즈벨트 대통령처럼, 링컨이라면 어떻게 할지 생각해 보는 게 어떨까?

마크 트웨인은 성질이 거칠기로 유명했다. 그가 분노를 이기지 못하고 휘갈겨 쓴 편지들은 대개 이런 식이었다.

"당신 같은 사람에겐 매장 허가증이 꼭 필요할 것 같군. 말만 하면 내가 허가증을 얻도록 주선해주지."

출판사 교정 직원이 그가 쓴 원고의 철자와 구두점을 손보려고 했을 때는 당장 담당 편집자에게 편지를 써서 이렇게 경고했다.

"내 원고를 한 글자라도 고칠 생각은 절대로 하지 말라고 전하시오. 그런 건방진 아이디어 따위는 그 썩어빠진 머릿속에나 가만히 놔두라고 말이오."

이렇게 상대방을 맹렬히 비판하는 편지를 쓰는 것으로 마크 트웨인은 기분을 풀었다. 독설 가득한 편지를 쓰면서 분노를 토해내는 것이었다. 하지만 그의 편지는 어느 누구에게도 상처를 주지 않았다. 그의 아내가 그런 편지들은 몰래 감춰놓고 부치지 않았던 것이다.

사람들은 왜 굳이 다른 사람의 결점은 그렇게 고쳐 주려고 애쓰면서 정작 자신의 결점은 고치려 하지 않을까? 섣불리 남을 바로잡아 주는 것보다 자기 자신을 바로잡는 것이 훨씬 이득이 되고, 또 위험하지도 않은데 말이다.

다음은 유명한 시험비행사 밥 후버가 3백 피트 상공에서 겪은 위험천만한 사고에 대한 〈비행 기술〉지의 기사이다.

갑자기 양쪽 엔진이 멈춘 상태에서 그는 비상착륙을 시도했다. 천신만고 끝에 가까스로 땅에 착륙한 그는 가장 먼저 비행기 연료부터 체크했다. 예상은 빗나가지 않았다. 연료통에는 휘발유가 아니라 제트 연료가 들어가 있었던 것이다.

비행장으로 돌아온 그는 비행기를 정비한 정비사를 만나러 갔다. 그 젊은 정비사는 하마터면 세 사람의 목숨과 엄청나게 비싼 비행기를 잃게 할 뻔했던 자신의 어처구니없는 실수 때문에 무척 괴로워하고 있었다.

후버의 분노가 어느 정도일지는 상상하고도 남을 정도였기 때문에 그 자리에 있던 모든 사람들은 후버가 정비사에게 아무리 심하게 분노를 터뜨린다 해도 어쩔 수 없는 일이라고 각오하고 있었다. 하지만 그는 욕을 퍼붓기는커녕 심지어 책망조차 하지 않았다. 그는 눈물범벅이 되어 애처롭게 고개를 숙이고 있는 정비사의 어깨에 손을 얹으며 말했다.

"자네는 이제 다시는 이런 실수를 저지르지 않겠지. 그러니 내 F-51은 앞으로 자네가 맡아서 매일 정비해 주게."

다른 사람의 잘못에 대해 비난하고 잔소리를 퍼붓는 일은 바보라도 할 수 있는 일이다. 아니, 바보일수록 잘하는 일이다. 다른 사람의 입장에서 생각하고 이해하고 용서하는 일은 뛰어난 성품과 극기심을 갖춘 사람만이 할 수 있는 덕목이다.

부모들은 자녀를 쉽게 야단친다. 당신은 내가 야단치지 말라고 말할 거라고 예상하겠지만 천만에, 나는 그러지 않을 것이다. 다만 자녀를 야단치기 전에 '아버지는 잊어버린다'를 읽어보라고만 말하겠다. 이 기사는 W. 리빙스턴 라니드가 발표된 이래 전국의 잡지, 일간신문, 지역신문, 사내신문에 수백 번 게재되었다.

아버지는 잊어버린다
- W. 리빙스턴 라니드

아들아, 나는 지금 자고 있는 네 모습을 보고 있단다.

조그만 손은 뺨 밑에 끼어 있고, 금발의 곱슬머리는 촉촉한 이마에 흘러내려 있구나.

몇 분 전까지도 나는 서재에서 서류를 읽고 있었단다. 그런데 갑자기 후회가 거센 물결이 되어 나를 덮치더구나. 그래서 지금 죄책감에 떠밀려 네 방에 몰래 들어와 이렇게 네 옆에 앉아 있는 거란다.

생각해 보니 너에게 미안한 일이 참 많구나.

아들아, 내가 너에게 늘 너무 까다롭게 굴었지?

학교에 가려고 옷을 갈아입고 있는 너에게, 세수할 때 얼굴에 물만 찍어 바르지 말고 깨끗하게 씻으라고 꾸짖곤 했지. 신발을 가지런히 벗어놓지 않는다고 너를 비난했고, 물건을 함부로 바닥에 던져 놓는다고 화를 냈어.

아침을 먹을 때도 음식을 흘리지 마라, 잘 씹어서 삼켜라, 식탁에 팔꿈치를 올리지 마라, 버터를 너무 많이 바르지 마라 하면서 끊임없이 잔소리를 했지.

그런데도 넌 차에서 내려 학교에 들어갈 때 출근하는 나를 돌아보며 손을 흔들고 말했지.

"잘 다녀오세요, 아빠!"

그때도 난 얼굴을 찌푸리며 대답했어.

"어깨를 펴고 걸어!"

오늘 오후 늦게도 또 그런 일이 일어났지. 퇴근해서 집으로 돌아오는 길에 시멘트 바닥에서 무릎걸음으로 놀고 있는 널 본 거야. 네 타이즈에는 커다란 구멍이 나 있었지. 난 널 앞세우고 집으로 가면서 야단을 쳤어. 타이즈가 얼마나 비싼지 아니? 네가 번 돈으로 샀으면 그랬겠니? 그것도 네 친구들이 다 보고 있는 앞에서 말이야.

그리고 나서 조금 지난 뒤의 일을, 아들아, 기억하니?

내가 서재에서 서류를 보고 있을 때 넌 겁먹은 얼굴로 조심조심 들어왔었지. 나는 네 기척을 듣고 문 옆에서 망설이고 서 있는 너를 쳐다보았어. 하던 일을 방해 받아서 나는 짜증이 났지. 그래서 퉁명스럽게 말했지.

"왜? 무슨 일이냐?"

너는 아무 대답도 하지 않고 갑자기 달려와 두 팔로 내 목을 꼭 끌어안고 뽀뽀했지. 너의 조그만 두 팔은 하느님이 네 마음속에 꽃 피운 사랑을 듬뿍 담아 나를 꼭 껴안았어. 그것은 어떤 냉담함에도 시들 수 없는 사랑이었어. 그러고나서 넌 곧장 문밖으로 나가 계단을 쿵쾅거리며 네 방으로 뛰어올라갔지.

내 손에서 서류가 마룻바닥으로 떨어졌어. 엄청난 공포가 나를 사로잡았던 거야. 내가 어쩌다 이런 나쁜 버릇, 잘못만 찾아내 꾸짖는 버릇을 갖게 된 걸까?

아들아, 내가 너를 사랑하지 않아서 그런 건 절대 아니야. 너를 착한 아이로 만들고 싶어서 그런 거란다. 하지만 지금 와서 생각해 보니 어린 너에게 난 너무 많은 것을 기대하고 있었구나. 내 어린 시절을 바탕으로 너를 재고 있었던 거야.

넌 이미 이렇게 착하고 따뜻하고 진솔한 아이인데 말이야.

넌 작지만 네 마음은 넓은 언덕 위를 고루 비추는 새벽빛처럼 한없이 넓단다. 그건 순간적으로 내게 달려와 뽀뽀하던 네 행동에 잘 나타나 있어.

아들아, 지금 네 어두운 침실에서 무릎 꿇고 있는 이 아빠는 너무나 부끄럽구나. 하지만 네가 깨어 있을 때 이 모든 것을 너에게 말해도 넌 다 이해하지는 못하겠지.

내일부터 난 정말 좋은 아버지가 될 거야. 아버지다운 아버지가 될 거야. 너와 같이 놀고, 네가 고통을 당할 때 함께 괴로워하고, 네가 웃을 때 나도 웃을 거야. 너를 꾸짖는 말이 튀어나오려고 하면 혀를 깨물어서라도 참을게. 넌 아직 어린아이라고 끊임없이 되뇌면서 말이야.

그동안 너를 어른 대하듯 대해서 정말 미안하고 부끄러워.

지금 침대에서 쪼그리고 자는 모습을 보니 넌 이렇게도 작은 어린아이였구나. 그런 너에게 난 그렇게도 많은 것을 요구했던 거였어.

아들아, 정말 미안해.

다른 사람을 비난하기 전에 그가 왜 그런 행동을 했는지 생각해 보자. 그렇게 하는 것이 훨씬 유익하고 흥미롭다. 그리고 그렇게 하면 저절로 동정심과 관용과 호의도 생긴다. 알면 용서하게 되기 때문이다.

"하나님도 인간을 심판하는 데는 그 사람이 죽을 때까지 기다리신다."

영국의 위대한 문학가 닥터 존슨의 말이다. 위대한 신도 최후까지 기다리는데 우리 인간들도 그래야 하지 않을까?

사람을 움직이는 비결 1

비평, 비난, 불평을 하지 마라.

Don't critizize, condemn or complain.

---

2. 장점을 찾아내어 진심으로 칭찬하라

사람을 움직이는 비결은 단 하나, 스스로 움직이고 싶게 만드는 것뿐이다. 물론 총을 들이대고 손목시계를 풀어놓게 할 수 있고, 해고하겠다고 위협하여 적어도 눈앞에서는 직원이 열일하게 할 수 있고, 회초리나 위협적인 말로 아이들을 복종하게 할 수 있다. 하지만 이런 방법에는 반드시 반발이 따르게 마련이다.

사람을 움직이려면 상대가 바라는 것을 주는 것이 가장 빠르고 유일한 방법이다. 그렇다면 사람들이 바라는 것은 무엇인가? 20세기의 위대한 심리학자 지그문트 프로이드는 '인간의 모든 행동은 두 가지 동기, 즉 성적 충동과 위대해지고 싶은 욕망에서 나온다'고 말했다. 미국의 유명한 철학자이자 교육가인 존 듀이는 '인간이 갖고 있는 가장 끈질긴 갈망은 중요한 사람이 되고 싶은 욕망'이라고 말했다. 중요한 사람이 되고 싶은 욕망이라는 말을 기억하라. 이것은 정말 의미심장한 말이다.

대부분의 사람들이 바라는 가장 중요한 욕구는 다음 8가지이다.

1. 건강과 장수
2. 음식
3. 수면
4. 돈, 그리고 돈으로 살 수 있는 것
5. 내세의 생명
6. 성욕의 만족
7. 자녀들의 번영
8. 중요한 사람이 되고 싶은 욕망

이상의 모든 욕구는 대부분 충족시킬 수 있는 것들이지만, 중요한 사람이 되고 싶은 욕망은 식욕이나 수면 욕구처럼 무척 심각하고 절실하면서도 좀처럼 충족되기 힘든 욕구이다. 이것이 곧 프로이드가 말하는 '위대해지고 싶은 욕망'이며, 듀이가 말하는 '중요한 사람이 되고 싶은 욕구'인 것이다.

유명한 심리학자인 윌리엄 제임스는 이렇게 말했다.

"인간이 지니는 속성 가운데 가장 강한 것은 다른 사람에게 인정받고자 하는 갈망이다."

제임스가 희망, 욕망, 동경 등의 말을 쓰지 않고 굳이 갈망이라고 말한 것에 주목하기 바란다. 그것은 이 욕망이야말로 인간의 마음을 끊임없이 뒤흔들고 목 타게 하는 것이기 때문이다.

그런데 이러한 갈증을 만족시켜 줄 수 있는 사람은 극히 드물다. 다시 말하면, 다른 사람의 이러한 갈증을 시원하게 풀어 줄 수 있는 사람은 다른 사람의 마음을 완전히 얻게 된다는 뜻이다. 중요한 사람이 되고 싶은 욕구는 인간을 다른 동물과 구별되게 하는 중요한 인간의 특성이다.

내가 미주리 주의 시골에 살던 어린 시절, 아버지는 듀록 저지 품종의 우량 돼지와 순수 혈통의 얼굴이 하얀 소를 기르고 있었는데 아버지는 그것들을 중서부 각지의 경진대회에 출품하여 여러 차례 최우수상을 수상했다. 아버지는 대회에서 받은 각종 상패와 기념품, 명예를 상징하는 파란색 리본들을 하얀 모슬린 천에 핀으로 꽂아 놓고, 손님들이 올 때마다 그 긴 모슬린 천을 꺼내왔다. 그 천의 한쪽 끝은 아버지가, 또 한쪽 끝은 내가 잡고 서서, 파란색 리본들을 손님에게 자랑하는 것이다.

정작 돼지와 소는 그 상들에 아무 관심도 없었지만, 아버지에게는 이 리본들이 대단한 자부심이었으며, 중요한 사람이 되고 싶은 욕망의 성취였던 것이다.

인간에게 중요한 사람이 되고 싶은 강렬한 욕구가 없었다면 인류의 문명도 없었을 것이다. 가난한 식료품점 점원을 분발시켜, 전에 50센트를 주고 사두었던 법률 책을 꺼내 공부하게 한 것도 중요한 사람이 되고 싶은 욕구였다. 그 점원은 바로 링컨이다.

영국의 소설가 디킨즈가 위대한 소설을 쓸 수 있었던 것도, 18세기 영국의 유명한 건축가 크리스토프 렌이 불후의 걸작을 남길 수 있었던 것도, 그리고 록펠러가 거부가 될 수 있었던 것도 모두 중요한 사람이 되고 싶은 욕구 때문이었다. 돈 많은 부자가 필요 이상으로 큰 저택을 세우는 것도, 최신 유행 스타일로 몸치장을 하는 것도, 새 자가용을 타고 돌아다니는 것도, 자식 자랑을 늘어놓는 것도 모두 중요한 사람이 되고 싶은 욕구 때문이다.

뉴욕의 경찰국장이었던 멀루니는 이렇게 말했다.

"요즘의 청소년 범죄자들은 마치 자아 덩어리인 것 같아요. 체포된 뒤 그들의 첫 번째 요구는, 자신을 영웅처럼 취급하여 보도한 신문을 보여 달라는 것입니다. 자기 사진이 아인슈타인이나 루스벨트 사진과 함께 실려 있는 것을 보면, 전기의자에 앉을 근심 따위는 아예 사라져버리는 모양이에요."

중요한 사람이 되고 싶은 욕망을 성취하는 방법은 사람마다 다르다. 그리고 그것이 그 인간을 결정한다. 존 록펠러가 중요한 사람이 되고 싶은 욕망을 성취한 방법은, 본 적도 없는 가난한 중국 사람들을 위하여 북경에 현대식 병원을 세울 자금을 기부하는 일이었다. 딜린저가 중요한 사람이 되고 싶은 욕망을 성취하는 방법은 도둑, 강도, 살인자가 되는 것이었다. 경찰에 쫓겨 미네소타의 한 농가로 뛰어 들어갔을 때, 그는 "나는 딜린저다!"라고 외쳤다. 자신이 흉악범이란 것을 과시한 것이다.

조지 워싱턴은 사람들이 '미합중국 대통령 각하'라고 불러 주기를 바랐다. 콜럼버스도 '해군대제독 겸 인도총독'이라는 칭호를 바랐다. 러시아의 예카테리나 여제는 '여황폐하'라는 칭호가 없는 편지는 열어보지도 않았다. 심지어 링컨 부인은 대통령 관저에 온 그랜트 장군 부인에게 "앉으란 말도 하기 전에 앉다니, 예절이 뭔지 모르나 보군요!"라고 매섭게 외쳤다고 한다.

버드 소장이 남극을 탐험했을 때 자금을 원조해 준 미국의 백만장자들은 남극의 산맥에 자기의 이름을 붙여야 한다는 조건을 달았다. 프랑스의 문호 빅토르 위고는 파리를 자기와 관련된 이름으로 바꾸려는 야심을 품었고, 위대한 셰익스피어조차 막대한 돈을 주고 귀족 가문의 문장을 샀다.

심지어는 사람들의 동정과 주의를 끌어 중요한 사람이 되고 싶은 욕망을 만족시키려고 일부러 병을 앓는 사람들도 있다. 작가인 메리 로버츠 라인하트는 젊고 건강하던 여성이 단지 주목받고 싶다는 욕구 때문에 병을 앓은 얘기를 들려주었다.

그녀는 혼기가 지나서 고독하게 살고 있었어요. 그런데 어느 날 갑자기 쓰러졌어요. 뚜렷한 병이 없었는데도 그녀는 10년 동안이나 앓아누워 있었어요. 늙은 어머니는 끼니때마다 3층에 있는 그녀의 침실까지 식사를 나르면서 병 수발을 들다가 견디지 못하고 결국 죽고 말았어요. 그녀는 몇 주 동안 슬퍼하며 괴로워하더니 어느 날 침대를 박차고 일어났어요.

전문가들의 말에 따르면, 사람들은 각박한 현실세계에서 자기 중요감을 상실했을 때 환상의 세계에서 자기 중요감에 대한 만족을 얻기 위하여 실제로 정신이상이 되는 경우도 있다고 한다. 그리고 미국의 정신병 환자는 다른 병을 앓고 있는 환자 전부를 합친 수보다도 더 많다고 한다.

그렇다면 정신이상의 원인은 무엇인가?

이 막연한 질문에는 누구든 선뜻 대답할 수 없겠지만, 매독과 같은 어떤 특정한 병에 걸리면 뇌세포가 침해를 당하여 광증을 일으킨다는 사실 정도는 알고 있다. 하지만 실제로 정신병자의 반 정도는 뇌 조직의 장애나 알코올 중독, 독소, 외상 등의 신체적 원인에 의한 것이지만, 나머지 반 정도는 놀랍게도, 뇌세포에서 아무런 결함을 발견할 수 없다고 한다. 시체를 해부하여 가장 우수한 현미경으로 뇌 조직을 검사해 보아도 정상적인 사람과 조금도 다른 데가 없다는 것이다.

그 분야에서 최고의 권위자로 인정받고 있는 어느 정신병원 원장은 솔직히 정신병을 일으키는 원인을 전혀 알 수 없는 경우도 많다면서 현실 세계에서 충족되지 않는 자기 중요감을 얻기 위해 정신병자가 되는 경우에 대해 이렇게 말했다.

지금 우리 병원에는 결혼에 실패한 여성 환자가 하나 있습니다. 그녀는 결혼생활에서 완벽한 사랑, 아이들, 사회적 지위 등을 기대했는데 그 기대가 완전히 어긋난 거예요. 남편은 그녀를 사랑하지 않았어요. 아니, 대놓고 싫어했어요. 심지어 그는 식사 조차 그녀와 함께 하지 않을 정도였죠. 당연히 아이도 생기지 않고 사회적 지위 역시 기대에 어긋났습니다.

결국 그녀는 스트레스를 감당하지 못하고 정신이상 상태에서 남편과 이혼했는데, 지금 그녀는 자기가 영국의 귀족과 결혼한 것으로 믿고 있습니다. 그래서 스미스 후작 부인이라고 부르지 않으면 대꾸도 하지 않아요. 그리고 그녀는 자기가 아이를 낳았다고 상상하고 있어서, 내가 진찰하러 갈 때마다 간밤에 아기를 낳았다고 말합니다.

그녀의 꿈을 실은 배는 현실이라는 암초에 부딪쳐 산산조각이 나버렸지만, 그녀의 꿈을 실은 배는 광기라는 아름다운 공상의 세계에서 순풍에 돛을 달고 이 항구에서 저 항구로 즐겁게 여행을 다니고 있는 것이다.

이것은 과연 비극일까? 나로서는 알 수가 없다. 대부분의 경우 정신이상자는 우리들 정상적인 사람보다 행복하고 광기의 세계를 오히려 즐기고 있는 이들도 많다. 이것이 왜 나쁘단 말인가? 그들은 그들 나름대로 자신의 문제를 해결하고 있는 것이다. 배짱 좋게 백만 달러짜리 수표를 끊어 주기도 하고, 황제 앞으로 소개장을 써 주기도 한다. 결국 정신이상자들은 자기가 창조한 꿈나라에서, 자신의 최대한 소원인 중요한 사람이 되고 싶은 욕망을 실현시키고 있는 것이다.

중요한 사람이 되고 싶은 갈망이 정신이상을 일으킬 정도로 절실한 것이라면, 현실의 세계에서 우리가 그런 사람들의 갈망을 충족시켜 줄 수만 있다면 우리가 어떤 기적을 만들어 낼 수 있을지 상상해 보라!

찰스 슈왑은 미국 실업계에서 최초로 연봉 1백만 달러를 받은 사람이었다. 앤드루 카네기는 슈왑에게 왜 1백만 달러나 되는 연봉을 주었을까? 그가 천재였기 때문에? 아니다. 제철의 최고 권위자였기 때문에? 아니다. 제철에 관해서라면 실무를 담당하는 직원들이 자기보다 훨씬 더 잘 안다고 슈왑 자신이 말했다.

슈왑이 그 비밀을 가르쳐 주었다. 그의 말을 동판에 새겨서 모든 가정과 학교, 상점과 사무소 벽에 걸어 두면 얼마나 좋을까 싶다. 그의 비밀을 활용하기만 하면 우리의 인생은 크게 달라질 테니까 말이다. 그의 비밀에 대해 그는 이렇게 말했다.

나에게는 사람들의 열정을 불러일으키는 능력이 있다. 이것이 나의 가장 귀중한 재산이다. 다른 사람의 장점을 키워 주는 데는 칭찬과 격려가 최고다. 상사한테 꾸중을 듣는 것만큼 열의를 해치는 것은 없다. 나는 마음에 드는 일이 있으면, 진심으로 찬성하고 아낌없는 찬사를 보내고, 절대로 비난하지 않는다. 사람을 일하게 하려면 격려가 꼭 필요하다.

이것이 슈왑의 성공비결이다. 그런데 보통 사람들은 어떤가? 정반대 아닌가? 조금만 잘못하면 사정없이 나무라지만, 마음에 드는 일에는 입을 다물어버리는 것이다. 앤드루 카네기가 크게 성공한 열쇠도 바로 이것이었다. 그 역시 칭찬을 아끼지 않는 사람이었다. 카네기는 자기 묘비명을 이렇게 준비했다.

자기보다 현명한 사람들을 주변에 모으는 법을 터득한 자,
여기 잠들다.

록펠러의 성공 비결 가운데 하나는 진심으로 감사하는 것이었다. 에드워드 베드포드라는 공동 출자자가 남미에서 물품을 잘못 구입하여 회사에 100만 달러의 손해를 입혔다. 다른 사람 같으면 틀림없이 화를 내고 잔소리를 늘어놓았을 테지만 록펠러는 베드포드가 최선을 다했다는 것을 알고 있었고, 어차피 엎질러진 물이었다. 그는 칭찬할 거리를 찾아내고 이렇게 말했다.
"투자액을 60%나 회수하다니, 자넨 대단한 수완가야."

우리는 가족이나 친구, 주변 사람들에게 너무나 인색하다. 그들에게 맛있는 저녁 한 끼는 선뜻 대접하면서도 따뜻한 칭찬은 까마득히 잊고 있는 것이다. 따뜻한 칭찬 한마디는 새벽하늘의 별들이 연주하는 음악처럼 언제까지나 우리의 기억에 남아 마음의 양식이 된다.

뭐라고? 나더러 입에 발린 소릴 하라고? 비위를 맞추라고! 그런 건 낡은 사고방식이야! 옛날에는 통했을지 몰라도 지금은 안 통해. 적어도 지성적인 인간에게는 절대로 안 통한다고!

여기까지 읽고 이렇게 생각하는 사람도 있을 것이다. 물론 입에 발린 칭찬은 분별력 있는 사람들에게는 천박하고 이기적인 헛소리일 것이다. 하지만 세상에는 칭찬에 굶주린 사람들이 아주 많다는 사실을 기억해야 한다.

그렇다면 아첨과 칭찬은 어떻게 다른가? 대답은 간단하다.

칭찬은 진실이고 아첨은 진실이 아니다. 칭찬은 마음에서 나오고 아첨은 입에서 나온다. 칭찬은 이기적이 아니고 아첨은 이기적이다. 칭찬은 누구에게나 환영 받지만, 아첨은 결국 누구에게나 비난을 받게 된다.

최근에 멕시코시티의 차팔테팩 궁전에 있는 알바로 오브레곤 장군의 동상을 볼 기회가 있었는데, 동상 아래쪽에는 장군의 현명한 철학에서 나온 그의 신조가 새겨져 있었다.

적을 두려워하지 말고, 감언을 일삼는 친구를 두려워하라!

나는 아첨을 권하는 것이 절대로 아니다. 그것과는 정말 거리가 멀다. 내가 권하는 것은 새로운 생활방식이다.

영국의 조지 5세는 버킹검 궁전 안에 있는 서재 벽에 6조항의 금언을 걸어 놓고 있었는데 그 금언 중 하나는 이런 것이었다.

값싼 칭찬은 주지도 말고 받지도 마라!

아첨이 바로 값싼 칭찬이다. 만약 아첨을 하는 것으로 세상 모든 일이 잘 풀린다면 누구나 아첨을 하게 될 것이고, 세상은 사람을 잘 다루는 인간관계의 고수들이 우글거리게 될 것이다.

아첨이 아닌 진심에서 우러나온 칭찬의 말을 하도록 노력하라! 슈왑처럼 진심으로 찬성하고 아낌없이 칭찬하도록 노력하라! 상대방은 그 말을 마음 속 깊이 간직해, 평생 잊지 못할 것이다.

사람을 움직이는 비결 2

솔직하고 진지하게 칭찬하라.

Give honest, sincere appreciation.

3. 상대방의 입장에서 생각하라

해마다 여름이 되면 나는 메인 주에 낚시하러 간다. 나는 딸기와 아이스크림을 무척 좋아하는데, 물고기는 지렁이를 좋아한다. 그래서 나는 낚시를 할 땐 물고기가 좋아하는 것을 준비한다. 딸기를 미끼로 쓰지 않고 지렁이를 매달아 물고기 앞에 던져놓고, "와서 먹어. 맛있지?"라고 말한다.

사람을 낚을 때에도 이 방법을 사용하면 좋을 것이다.

영국의 수상 로이드 조지에게 누군가 물었다.

"윌슨, 올란도, 클레망소 등 오래 전에 잊힌 지도자들과 달리 여전히 권력의 핵심에 있는 비결이 무엇이라고 생각하십니까?"

그는 한 마디로 대답했다.

"물고기를 낚을 때는 물고기가 좋아하는 미끼를 달아야 한다는 것을 배웠기 때문이죠."

왜 우리는 항상 자신이 원하는 것에만 관심을 갖는가? 나에게 아무리 대단한 의미가 있는 것이라도 다른 사람들에겐 하찮은 것일 수 있다. 그러니 상대방의 마음을 움직이기 위해서는 상대방이 원하는 것을 어떻게 얻을 수 있을지 말해주어야 한다.

어느 날 랄프 왈도 에머슨은 아들과 함께 송아지를 외양간으로 몰아넣으려고 애쓰고 있었다. 아들은 앞에서 끌고, 에머슨은 뒤에서 밀었지만 송아지는 풀밭을 떠나지 않겠다고 네 다리로 기를 쓰고 버텼다.

보다 못한 아일랜드 하녀가 달려왔다. 그녀는 논문이나 책을 쓸 능력은 없었지만 적어도 송아지에 대해서는 에머슨보다 훨씬 많이 알고 있었다. 그녀는 송아지 입에 자기 손가락을 물리더니 그것을 빨리면서 전혀 힘들이지 않고 송아지를 외양간 안으로 끌어들였다. 그녀는 송아지가 무엇을 원하는지 알고 있었던 것이다.

인간의 모든 행위는 무엇인가를 원하는 데서 생겨난다. 미국의 심리학자 해리 오버스트리트 교수는 그의 유명한 저서 《인간의 행동을 지배하는 힘》에서 이렇게 말했다.

"인간의 행동은 욕망에서 생긴다. 그러므로 사람을 움직이는 최선의 방법은 그의 마음속에 강한 욕구를 불러일으키는 것이다. 그렇게 할 수 있는 사람은 온 세상을 얻을 수 있을 것이다."

스코틀랜드의 가난한 가정에서 태어난 철강왕 앤드루 카네기는 겨우 시급 2센트짜리 일로 시작했지만 훗날에는 사회의 각 방면에 무려 3억 6,500만 달러를 기부할 만큼 거부가 되었다. 학교는 비록 4년밖에 다니지 못했지만 사람의 마음을 움직이려면 상대방의 입장에서 생각해야 한다는 것을 일찌감치 깨닫고 있었기 때문이었다.

카네기의 형수는 예일 대학에 다니고 있는 두 아들 때문에 늘 걱정이었다. 아들들이 공부하느라 바빠서 그런지 어머니가 아무리 걱정하는 편지를 써 보내도 감감 무소식이었던 것이다.

이에 카네기는 답장하라는 말을 하지 않고도 조카들이 당장 답장하게 할 수 있다며 100달러 내기를 걸었다. 누군가 내기에 응하자 그는 일상적인 안부편지를 쓰고는 편지 말미에 5달러를 보낸다고 썼다. 물론, 편지 속에 돈은 넣지 않았다.

곧바로 조카들에게서 답장이 왔다.

"친애하는 숙부님, 편지 보내주셔서 감사합니다. ……"

그 다음 사연은 여러분 상상에 맡긴다.

누군가를 설득하고 싶다면 입을 열기 전에 먼저, 어떻게 하면 그가 그 일을 하고 싶어질지 생각해 보라. 그러면 무작정 문제에 부딪힘으로써 낭비되는 쓸데없는 헛수고를 덜 수 있다.

나는 매 시즌마다 연속적인 강좌를 위해 뉴욕에 있는 어느 호텔의 홀을 20일씩, 밤에만 빌려 쓰고 있었다.

그런데 어느 해 시즌이 시작될 무렵, 홀 임대료를 종전의 3배나 인상한다는 통지를 받았다. 그때는 이미 입장권이 다 팔린 상태였고 장소 공고도 이미 끝난 상태였다. 나는 그런 터무니없는 상황을 받아들일 수 없었지만 호텔 측에 아무리 말해 봤자 무슨 소용이 있을 것인가! 그들은 오직 자기네 이익에만 관심이 있었다. 그래서 나는 이틀 후에 총지배인을 찾아갔다.

"그 통보를 받고 무척 놀랐습니다. 하지만 당신을 탓할 생각은 없습니다. 나도 당신 입장이었다면, 같은 편지를 썼을 테니까요. 호텔의 이익을 극대화하는 것이 총지배인의 임무이고, 그렇게 할 수 없다면 자리에서 물러나야 할 테니까요. 하지만 이번 인상은 좀 심한 것 같습니다. 이것이 호텔에 어떤 이익과 손해를 가져올지 함께 검토해 볼까요?"

나는 종이 한가운데에 줄을 긋고 한쪽에는 '이익', 다른 쪽에는 '손해'라고 썼다. 이어 이익 란에 '큰 홀이 빈다'라고 써 넣고 말했다.

"빈 홀을 댄스파티나 대형행사 모임용으로 빌려 주면 강좌 행사보다 한결 비싼 임대료를 받을 수 있을 테니 수익이 훨씬 높아질 겁니다. 이번엔 손해에 대하여 생각해 볼까요? 우선 내가 지불하기로 했던 임대료 수입이 없어지겠죠. 나는 이렇게 대폭 인상된 임대료를 지불할 수 없으니 다른 장소를 찾아봐야 할 테고요. 그리고 또 한 가지, 이 부분은 꼭 고려해보셨으면 하는데요. 내 강좌에는 사회 지도층과 지식인들이 많이 참석합니다. 그것만으로도 호텔 홍보에 큰 도움이 될 것입니다. 설령 호텔 측에서 5,000달러짜리 신문광고를 내도 내 강좌만큼 사람들을 한꺼번에 호텔로 불러 모으지는 못할 겁니다. 이보다 더 좋은 광고가 어디 있겠습니까? 내 강좌가 호텔의 지명도를 높여준다면 충분히 가치 있는 일이 아닐까요? 잘 생각해 보시고 결정되면 알려주세요."

나는 총지배인에게 종이를 건네주며 말을 마쳤다.

이튿날, 임대료를 50%만 인상하겠다는 통보가 왔다.

여기서 주목하라! 나는 내가 원하는 것에 대해서는 전혀 언급하지 않고, 그저 상대방이 원하는 것과, 그것을 어떻게 얻을 수 있는지에 관해서만 말했다.

만약 내가 충동적으로 지배인 사무실로 뛰어 들어가 "여보쇼! 입장권도 이미 다 팔렸고 장소 공지도 끝났는데 이제 와서 갑자기 임대료를 3배로 올리다니 말이 됩니까? 난 절대로 더 낼 수 없소!"라고 소리를 질렀다면 어떻게 되었을까? 알다시피 이런 논쟁으로는 어떤 문제도 해결할 수 없다. 호텔 지배인 스스로 지나친 처사라고 생각한다 해도 짓밟힌 자존심 때문에 절대로 양보하지 않았을 것이다.

"성공의 비결은 상대방의 생각을 이해하고, 자기의 입장과 동시에 상대방의 입장에서도 사물을 볼 줄 아는 능력이다."

자동차 왕 헨리 포드가 한 말이다. 얼마나 간단하면서도 알기 쉬운가! 그런데도 사람들은 대부분 이 진리를 무시해 버린다.

내가 뉴욕 중심부에 있는 포리스트 힐즈에 살 때의 일이다. 어느 날 정류장으로 가는 길에 우연히 부동산 중개업자를 만났다. 포리스트 힐즈의 부동산에 대해서라면 훤히 알고 있는 사람이었다. 나는 그에게 우리 집의 건축자재가 무엇인지 물어 보았다. 그는 그것까진 잘 모른다고 하면서 포리스트 힐즈 주택협회로 전화해 보라고 대답했다. 그거야 나도 알지.

그런데 다음날 아침, 그에게서 편지가 왔다. 어제 내가 물어 본 걸 알려주려고? 전화로 1분이면 될 걸 왜 굳이 편지로? 하지만 편지 내용은 그게 아니었다. 어제처럼 주택협회에 전화해 보라는 말로 시작해서 보험에 가입해 달라고 부탁으로 끝났다. 그는 나를 돕는 일 따위에는 관심이 없고, 오직 자기에게 도움이 될 일에만 흥미가 있었던 것이다.

오늘도 수천 명의 세일즈맨들이 실망과 피로에 지친 몸으로 거리를 거닐고 있을 것이다. 왜 그럴까? 그들이 자신의 목표에만 집중하기 때문이다. 하지만 고객들은 세일즈맨의 목표에는 관심이 없고 자신의 문제에만 관심이 있다.

이처럼 자기 잇속만 차리는 인간들이 우글거리는 세상에서 남을 위해 봉사하는 소수의 사람들은 놀라울 만큼 유리하다. 경쟁자가 거의 없으니까! 이 책을 읽고, 상대방의 입장에서 생각한다는 단 한 가지 일만 기억한다면, 당신은 이미 성공의 첫걸음을 내디딘 셈이다.

강좌 기간 내내 아이 문제로 걱정하는 회원이 있었다. 안 그래도 허약하게 태어난 아이가 밥을 잘 먹지 않았던 것이다. 세상의 부모들이 대개 그러는 것처럼, 그들 부부는 아이에게 잔소리를 퍼부었다.

"이걸 먹어. 그래야 건강하지."

"아빠는 네가 튼튼하게 자라길 바라."

하지만 아이가 부모의 말에 귀를 기울였을까? 당연히 아니다. 세 살짜리 아이가 어떻게 30대 아버지의 생각을 이해할 수 있겠는가? 결국 아버지도 뒤늦게 그것을 깨달았다.

"아이가 원하는 것이 무엇일까? 어떻게 해야 내 바람과 아이의 바람을 일치시킬 수 있을까?"

생각을 바꾸자 문제는 의외로 간단하게 해결되었다. 아이는 집 앞 도로에서 세발자전거 타는 것을 무척 좋아했는데 이웃에 사는 개구쟁이가 툭하면 자전거를 빼앗아 제 것처럼 타고 돌아다녔다. 그럴 때마다 아이는 울면서 엄마에게 일렀고, 엄마는 뛰어나가 자전거를 찾아와야 했다.

여기에 생각이 미치자 아이가 가장 바라는 것이 무엇일지 분명해졌다. 셜록 홈즈가 아니라도 알 일이었다. 자존심에 상처를 입은 아이는 언젠가는 그 개구쟁이 녀석에게 본때를 보여주겠다고 벼르고 있을 것이었다.

"이거 먹으면 쑥쑥 커서 걔보다 힘이 세질 거야."

아버지의 이 한 마디로, 아들의 편식문제는 당장 해결되었다. 아이는 그 개구쟁이를 혼내 주고 싶은 마음에 무엇이나 가리지 않고 먹게 되었던 것이다.

아이는 스스로의 자존심을 지키고 싶었고, 중요한 사람이 되고 싶었다. 그걸 알아주고 그 욕구를 충족시킬 방법을 알려준 것이 아이에게는 무엇보다 값진 보상이었다.

쟈니는 할머니와 함께 잤는데, 아침마다 할머니는 흠뻑 젖은 매트리스를 가리키며 손자를 나무랐다.

"쟈니, 또 오줌을 쌌구나!"

그러면 쟈니는 고개를 저으며 할머니가 싼 거라고 우겼다. 엄마가 아무리 혼내고 달래고 잔소리를 해도 아무 효과가 없었다. 결국 아이의 부모는 어떻게 해야 쟈니의 버릇을 고칠 수 있을지 진지하게 고민하기 시작했다.

쟈니가 원하는 것은 무엇일까? 아이가 가장 원하는 것은 할머니와 똑같은 잠옷 말고 아빠처럼 파자마를 입고 자는 것이었다. 할머니는 쟈니가 오줌을 싸지 않으면 파자마를 사주겠다고 약속했다. 그 다음으로 아이가 원하는 것은 자기만의 침대를 갖는 것이었다. 할머니는 반대하지 않았다. 그래서 엄마는 쟈니를 데리고 백화점 침대 매장으로 가서 점원에게 눈짓을 하며 말했다.

"우리 꼬마 신사가 뭘 좀 사고 싶대요."

아가씨는 눈치껏 분위기를 맞춰주었다.

"어서 오세요. 꼬마 손님, 어떤 걸 보여 드릴까요?"

으쓱해진 쟈니는 어른스럽게 대답했다.

"내 침대를 살 거예요."

엄마는 미리 봐둔 침대를 눈짓으로 점원에게 알렸고, 그녀는 그 침대에 대해 자세히 설명하면서 쟈니에게 권했다. 결국 쟈니는 엄마가 사 주고 싶은 침대를 샀다.

침대가 배달된 날 저녁, 아빠가 집으로 들어서기 무섭게 쟈니는 현관으로 달려 나가 외쳤다.

"아빠, 아빠! 빨리 와서 보세요. 내가 산 침대예요!"

아빠는 슈왑이 충고한 대로 새 침대에 대해 아낌없는 찬사를 보낸 다음에 한마디 덧붙였다.

"쟈니, 새 침대에 오줌을 싸면 안 되겠지?"

"그럼요, 절대로요, 아빠!"

그 뒤로 오줌 싸는 버릇이 없어졌다. 자존심이 약속을 지키게 한 것이다. 이제 쟈니는 아빠처럼 파자마를 입고 자기만의 침대에서 잠을 잔다.

'자기표현 욕구는 인간의 가장 중요한 욕망 가운데 하나'라고 월리엄 원터는 말했다. 우리도 이런 심리를 사업상의 일에 적용할 수 있다. 멋진 아이디어가 떠올랐을 때, 상대방이 생각해낸 것처럼 유도해 보라. 물론 상대방이 눈치 채지 못하게 해야 한다. 그러면 그는 틀림없이 그것을 좋아하게 될 것이고 그것을 실행하게 될 것이다.

"상대방의 마음속에 강한 욕구를 불러일으켜라. 이것을 할 수 있는 사람은 만 명의 지지를 얻을 수 있고, 이것을 못하는 사람은 단 한 사람의 지지도 얻지 못할 것이다."

이 말을 늘 기억하기 바란다.

사람을 움직이는 비결 3

다른 사람의 열렬한 욕구를 불러일으켜라.

Arouse in the other person an eager want.

Part 2

호감을 얻는
여섯 가지 비결

1. 다른 사람에게 관심을 가져라

친구를 사귀는 방법을 배우려고 굳이 이 책을 읽을 필요는 없다. 친구 사귀기의 고수는 따로 있으니 그에게 배우는 것이 훨씬 쉽다. 그가 누구냐고?

당신은 아마 매일 길에서 그를 만나고 있을 것이다. 당신이 다가가면 그는 꼬리를 흔들기 시작한다. 걸음을 멈추고 쓰다듬어주면, 그는 얼마나 당신을 좋아하는지 보여주려고 펄쩍펄쩍 뛴다. 그에게 무슨 속셈이 있어서 그러는 것은 절대로 아니다. 당신에게 부동산을 팔려는 것도 아니고 당신과 결혼하려는 것은 더군다나 아니다.

이 세상에서 생존을 위해 일하지 않는 동물은 오직 개뿐이라는 사실을 생각해 본 적이 있는가? 닭은 달걀을 낳아야 하고, 소는 우유를 생산해야 하고, 카나리아는 노래를 불러야 하지만, 개는 그저 당신을 사랑하는 것으로 충분하다.

내가 다섯 살 때, 아버지가 50센트에 샀다면서 노란 털북숭이 강아지를 안고 오셨다. 그 강아지는 곧 세상 그 무엇과도 바꿀 수 없는 나의 기쁨이자 빛이 되었다. 매일 오후 4시 반쯤 되면 강아지는 어김없이 앞뜰에 나와 앉아서 빛나는 눈초리로 하염없이 길 쪽을 지켜보고 있다가 내 목소리가 들리거나 도시락을 들고 있는 내 모습이 정원수 사이로 어른거리면, 총알처럼 달려와서 짖고 뛰어오르며 반갑게 나를 맞아주었다.

그렇게 5년 동안 티피는 나의 둘도 없는 친구였다. 그런데 어느 날 밤에 티피는 내 앞에서 10피트도 떨어지지 않은 곳에서 벼락을 맞아 죽었다. 나는 그날 밤을 결코 잊을 수가 없다. 티피의 죽음은 내 소년 시절에 겪은 가장 큰 비극이었다.

티피는 심리학책을 읽은 적도 없었지만-물론 티피는 그런 책을 읽을 필요도 없었다-관심을 끌려고 애쓰는 것보다 관심을 기울이는 편이 훨씬 더 친구를 사귀기 쉽다는 것을 본능적으로 알고 있었다. 다시 말하면 2년 동안 다른 사람의 관심을 끌려고 애쓰는 것보다, 2달 동안 다른 사람에게 관심을 기울이는 것이 훨씬 더 많은 친구를 더 깊이 사귈 수 있다는 뜻이다.

하지만 세상에는 평생을 다른 사람이 자신에게 관심을 갖게 하기 위해 노력하면서 사는 사람들이 더 많다. 그러면서 내가 이렇게까지 하는데 왜 사람들이 나에게 관심을 보이지 않는지 모르겠다고 생각하는 것이다.

이제 이런 헛수고는 그만 하자. 인간이란 원래 다른 사람에게는 관심이 없고 오직 자기 자신에 대해서만 관심이 있는 법이다.

언젠가 뉴욕의 어느 통신사에서 전화 통화할 때 가장 많이 사용되는 단어가 무엇인지 조사했는데, 결과는 역시 '나'라는 말이었다. 나는, 내가, 나의, 나를, 나에게 등이 5백 통화 가운데 무려 3,990회나 쓰였던 것이다.

단체 사진을 볼 때 당신은 가장 먼저 누구의 얼굴을 찾는가?

단순히 사람을 감동시키는 것으로 관심을 끌려고만 한다면 당신은 절대로 진정한 친구를 만들지 못한다. 진정한 친구란 그런 식으로 만들 수 있는 게 아니다.

비엔나에 사는 유명한 심리학자 알프레드 아들러는 《인생의 의미는 무엇인가?》라는 그의 저서에서 이렇게 말하고 있다.

다른 사람들에게 관심이 없는 사람은 인생을 살아가는 동안 굉장히 많은 어려움을 겪게 되고, 다른 사람들에게도 큰 해를 끼치게 된다. 인간의 모든 실패는 이런 유형의 사람들에서 비롯된다.

세상에 심리학책이 아무리 많다 해도 이만큼 의미심장한 말을 찾기는 어려울 것이다. 몇 번이고 되풀이해서 음미할 가치가 있는 아주 중요하고도 심오한 말이다. 다시 한 번 천천히 읽으면서 뜻을 음미해 보기 바란다.

나는 뉴욕대학에서 단편소설 창작 강좌를 들은 적이 있다. 강사는 골리어즈라는 유명한 잡지사의 편집장이었다. 그의 책상 위에는 매일 원고가 수북이 쌓이는데, 그는 어느 원고라도 두서너 줄만 읽어보면 그 작가가 사람들을 좋아하는지 아닌지를 곧 알 수 있다면서 이렇게 말했다.

"작가가 인간을 좋아하지 않으면, 세상 사람들도 그의 작품을 좋아하지 않습니다."

그는 소설 창작 강의를 하다가 두 번이나 강의를 중단하고 이렇게 말했다.

"훈계하는 것 같아서 미안하지만 이 말을 꼭 명심해 주세요. 여러분이 소설가로서 성공하고 싶다면 반드시 다른 사람에 대해서 관심을 가져야만 합니다."

소설을 쓰는 데도 그래야 한다면, 사람을 사귈 때에는 더욱 그래야 한다고 생각해야 할 것이다.

하워드 더스턴이라는 유명한 마술사가 브로드웨이 쇼에 출연하던 어느 날 밤에 나는 그의 분장실로 찾아갔다.

그는 40년 동안 세계 각지를 순회공연하면서 온갖 환상으로 관중들을 매혹하고 숨죽이게 한 마술계의 황태자다. 적어도 6천만 명 이상의 사람들이 그의 공연을 보았고, 그는 그동안 2백만 달러에 달하는 수익을 올렸다.

나는 더스턴 씨에게 성공 비결을 물어 보았다. 학교 교육이 그의 성공과 관계없다는 것은 분명했다. 그는 어렸을 때 집을 나와 거리를 떠돌며, 화물차에 몰래 타고, 건초더미 속에서 잠을 자고, 남의 집 앞에서 밥을 얻어 먹었다. 글자를 읽는 법도 철길을 따라 서 있는 광고를 화물차 속에서 보고 가까스로 배웠다.

그렇다고 그가 마술에 대해 남다른 지식을 가지고 있는 것도 아니었다. 마술에 관한 책은 얼마든지 많이 나와 있고, 자기가 알고 있는 것은 다른 마술사들도 다 알고 있다고 했다.

그가 갖고 있는 남다른 장점은 딱 두 가지였다.

첫째, 관객을 끌어당기는 흡입력이다. 그가 무대 위에서 취하는 모든 손짓, 몸짓, 말, 얼굴 표정, 심지어 눈썹의 움직임 같은 사소한 것까지도 관객을 몰입시키는 가장 효과적인 포인트와 정확한 타이밍을 계산하여 사전에 충분히 연습한 것이었다.

둘째, 인간에 대한 깊은 사랑과 관심이다. 그의 말에 따르면, 많은 마술사들이 무대에 오르면 관객들을 내려다보며 '하, 얼간이들이 많이 모였군. 이런 사람들을 속이는 건 식은 죽 먹기지.'라고 생각하지만 더스턴은 '나를 보러 이렇게 많은 사람들이 오다니, 이 사람들 덕분에 나는 내가 하고 싶은 일을 하면서 살 수 있는 거야. 오늘도 최선을 다해서 이 사람들을 행복하게 해줘야지.'라고 생각한다고 했다.

그리고 그는 무대에 오르기 전에 언제나 마음속으로 '나는 관객들을 사랑해'라고 되뇌곤 한다고 했다.

시시하다고? 어떻게 생각하든 그것은 당신 마음이다. 단지 나는 세계 최고의 마술사가 사용하고 있는 비결을 알려주고 싶었을 뿐이다. 하지만 시어도어 루즈벨트 대통령이 절대적인 인기를 누린 비결도 역시 여기에 있었다. 그의 개인 시종이었던 제임스 아모스는 《시종의 영웅 루즈벨트》라는 책에서 다음과 같은 일화를 소개하고 있다.

어느 날 내 아내가 대통령께 메추리는 어떤 새냐고 여쭈어 보았다. 내 아내가 메추리를 한 번도 본 적이 없다고 하자 대통령께서는 메추리에 대해 자세히 설명해 주셨다. 그러고 나서 얼마 뒤에 대통령께서 우리 집으로 전화를 하셨다. 그때 우리는 오이스터 베이에 있는 대통령 관저 안의 조그만 집에서 살고 있었는데, 아내가 전화를 받더니 '지금 창 밖에 메추리가 앉아 있으니 내다보라고 대통령께서 직접 전화를 하셨다'는 것이었다. 이 사소한 일화는 대통령의 인품을 잘 나타내 주고 있다. 대통령께서는 우리 집 앞을 지나실 때마다, 우리 모습이 보이지 않을 때조차도 "안녕, 애니! 제임스!"하고 다정하게 인사를 하시곤 했다.

고용인들이 이런 사람을 어떻게 좋아하지 않을 수 있을까? 고용된 사람이 아니라도 누구나 그를 좋아하지 않을 수 없을 것이다.

대통령직에서 물러난 뒤에 루즈벨트가 백악관을 방문한 적이 있었는데 마침 태프트 대통령 부처는 출타중이었다. 루즈벨트는, 그가 대통령 재임 시절부터 근무하고 있던 직원들은 물론이고 주방에서 일하는 사람들에게까지 다정하게 이름을 부르면서 인사했다. 이것은 그가 평소에 주변에 있는 사람들에게 얼마나 마음 깊은 호의를 갖고 있었는가를 말해 주는 증거가 될 것이다.

루즈벨트는 주방에서 일하는 앨리스를 만나자 이렇게 물었다.

"요즘도 옥수수 빵을 굽고 있나?"

"네, 저희들끼리 먹으려고 가끔 굽습니다. 윗분들은 안 드시거든요."

"그래? 맛을 모르는 사람들이로군! 내가 대통령을 만나면 한 마디 해주겠네."

앨리스가 접시에 빵을 담아 내오자 그는 한 조각을 집어 들고 그것을 씹어 먹으면서 사무실 쪽으로 걸어갔다. 가는 길에 정원사나 일꾼들을 만나면, 그는 전과 다름없이 다정한 목소리로 하나하나 이름을 부르면서 친절하게 말을 걸었다.

40년 동안 백악관의 수석 집사를 지낸 아이크 후버는 눈물을 글썽이며 이렇게 말했다.

"우리 이름을 하나도 잊지 않으시고 전에 부르시던 그대로 부르셨습니다. 지난 2년 동안 이렇게 기쁜 날은 없었습니다. 이 날의 기쁨을 우리는 천금으로도 바꾸지 않을 겁니다."

찰스 엘리어트 박사가 대학총장으로서 명성을 떨친 것도 역시
다른 사람들의 문제에 대하여 깊은 관심을 기울여 준데 있었다.
그는 남북전쟁 후 4년째 되던 해부터 1차 대전이 일어나기 5년
전까지 약 40년 동안이나 하버드대학 총장직에 있던 사람이다.

어느 날, 그랜든이라는 신입생이 학생 융자금 50달러를 허락
받기 위해 총장실로 찾아갔다. 그때의 상황을 그랜든 자신은 이
렇게 회고하고 있다.

융자 허가를 받은 뒤에 감사 인사를 드리고 물러나오려 하자,
엘리어트 총장님이 나를 불러 세웠다.

"잠깐 여기 좀 앉게."

나는 무슨 일인가 하고 다시 자리에 앉았다.

"자네는 자취를 하고 있다지?"

총장님이 그걸 어떻게 아셨을까? 나는 어리둥절해서 총장님을
쳐다보았다.

"음식을 골고루 만들어서 배불리만 먹을 수 있다면 자취도 결
코 나쁘지는 않지. 나도 학창시절에 자취를 해 본 경험이 있네.
필라프라는 걸 만들어 본 적 있나? 재료로 쓸 송아지고기를 잘
삶기만 하면 아주 싸고 맛있는 요리가 된다네."

그리고 나서 총장님은 고기 다지는 방법, 삶는 방법, 써는 방법
에서 먹는 방법에 이르기까지 자세히 설명해 주셨다.

내가 경험한 바에 의하면, 이쪽에서 진심으로 관심을 보이기만 하면 아무리 바쁜 사람이라도 관심을 기울여주고, 시간도 짜내주고, 협력도 해 주게 마련이다.

몇 년 전에 나는 브루클린에 있는 예술과학재단에서 소설 창작 강연을 개최한 적이 있었다. 우리는 캐더린 노리스, 패니 허스트, 아이다 타벨, 앨버트 페이슨 터훈, 루퍼트 휴즈 같은 저명한 작가들을 모시고 싶었다. 그래서 나는 그들의 작품을 애독하고 있으며 그들의 성공 비결을 직접 듣고 싶다는 내용의 편지를 작가들에게 보냈다. 각각의 작가들에게 보내는 편지마다 150명의 학생들이 모두 서명을 했다.

그리고 우리는 그들이 무척 바쁜 사람들이기 때문에 강의 준비를 할 시간이 별로 없을 것이라 생각하고 이쪽에서 알고 싶은 것들을 표로 만들어, 그것을 편지에 동봉했다. 그렇게 한 것이 그들의 마음에 들었던 모양이다. 작가들은 기꺼이 우리를 위해서 멀리 브루클린까지 와 주었던 것이다.

이와 똑같은 방법으로, 나는 루즈벨트 내각의 재무장관인 레슬리 M. 쇼, 태프트 내각의 법무장관인 조지 W. 위커샴, 윌리엄 제닝스 브라이언, 프랭클린 D. 루즈벨트 등 수많은 저명인사들이 내 강좌에 와서 내 수강생들에게 강연하도록 할 수 있었다.

인간은 누구나 자기를 칭찬해 주는 사람을 좋아하게 마련이다.

독일의 황제 카이저의 경우도 그랬다. 제1차 세계대전에서 패했을 때, 그는 온 세상에서 가장 미움 받는 인간이 되었다. 심지어 그가 목숨을 부지하기 위해 네덜란드로 도망갔을 때에는 독일 국민들조차 그를 원수로 생각했다. 수많은 사람들이 황제의 사지를 갈기갈기 찢어서 화형에 처하라고 부르짖었다. 그런데 이 격분의 소용돌이 속에서, 한 소년이 진심으로 사랑과 존경을 가득 담은 편지를 황제에게 보냈다.

"누가 뭐라고 하든 저는 폐하를 언제까지나 저의 황제로 사랑하고 숭배하겠습니다."

황제는 이 편지를 읽고 깊이 감동하여 소년을 자기 집으로 초대했다. 소년은 어머니와 함께 그를 찾아갔다. 그리고 그 얼마 뒤에 카이저는 소년의 어머니와 결혼했다.

이 소년이라면 굳이 이 책을 읽을 필요가 없다. 그는 선천적으로 사람을 움직이는 법을 터득하고 있으니까. 친구를 사귀고 싶으면 먼저 그 사람을 위해서 무언가를 해주어야 한다. 그를 위해 시간과 수고, 사려 깊은 마음을 아끼지 말아야 한다.

윈저 공이 황태자였을 때 남미 여행을 계획했다. 외국에 가면 그 나라 언어로 말하는 것이 좋다고 생각하고 몇 달 동안 스페인어를 공부한 덕분에 그는 남미에서 대단한 인기를 누렸다.

여러 해 전부터 나는 친구들의 생일을 모두 기억하고 있다. 점성술을 믿는 것은 아니지만 사람의 생일이 성격이나 기질과 어떤 관계가 있는지 등의 얘기를 하다가 자연스럽게 친구의 생일을 물어 보는 것이다. 가령 친구가 11월 24일이라고 대답하면, 나는 마음속으로 11월 24일이라고 몇 차례 되풀이하다가 틈을 보아 이름과 생일을 메모했다가 집에 와서 기록해 둔다. 그리고 매년 1월이 되면 새로운 탁상달력에 그 생일들을 체크해 두었다가 때가 되면 축하 편지나 전보를 보냈다. 이것은 기대 이상의 효과를 나타냈다. 때로는 그의 생일을 기억하고 있는 사람이 이 세상에서 나 하나뿐이라는 경우도 더러 있었다.

친구를 사귀고 싶으면 다른 사람을 열정적인 태도로 맞이해야 한다. 전화를 받을 때도 전화를 걸어줘서 무척 기쁘다는 기분을 듬뿍 담아서 "여보세요!"하고 대답하라. 회사의 전화상담원들이나 교환원들에게 말에 마음을 담는 훈련을 하면 전화를 건 사람들은 이 회사가 자기에게 관심이 있다고 믿게 된다.

누구에게든 진심으로 관심을 기울이면 친구를 사귈 수 있을 뿐만 아니라 회사의 단골 고객으로도 만들 수 있다.

뉴욕의 어느 은행에 근무하고 있는 찰스 월터즈는 모 회사에 대한 기밀문서를 작성하는 임무를 맡게 되었다. 그는 그 회사 사정에 정통한 사람을 하나 알고 있었다. 그 사람은 어느 큰 공업사의 사장이었다.

월터즈가 그 회사를 찾아가서 사장실에 안내되어 들어갔을 때, 마침 젊은 여비서가 사장에게 이렇게 보고하고 있었다.

"오늘은 우표가 없습니다."

사장은 월터즈에게 이렇게 설명했다.

"열두 살짜리 아들 녀석이 우표 수집을 하고 있어서요. 우표를 갖다 주면 아주 좋아한답니다."

월터즈는 찾아온 용건을 말하고 질문을 시작했지만 사장은 도무지 종잡을 수 없는 대답만 늘어놓았다. 인터뷰를 피하고 싶어 하는 사람에게서 정보를 얻어내는 것은 어림도 없는 일이었다. 결국 아무 정보도 얻지 못한 채 인터뷰를 끝내야 했다.

그는 우리 강좌에 나와 이렇게 말했다.

솔직히 그땐 어떻게 해야 좋을지 막막했습니다. 그런데 갑자기 여비서가 사장에게 하던 말이 생각나더군요. 우표와 열두 살짜리 아들…… 아! 우리 은행 외환계에서 세계 각국에서 오는 편지의 우표를 모아 두고 있다지!

다음날 오후 나는 다시 그 사장을 찾아가서 아들에게 줄 우표를 좀 가져왔다고 말했습니다. 물론 대환영을 받았죠. 아마 그가 국회의원에 출마했더라도 그렇게 열렬하게 맞아 주지는 않았을 겁니다. 사장은 우표를 받아들더니 활짝 웃으면서 '우리 조지가 정말 좋아하겠는데. 이건 참 근사하군. 아주 귀한 보물이야'하며 신이 나서 떠들어 대는 것이었습니다.

우리는 30분가량 우표 얘기를 하면서 그의 아들 사진도 함께 들여다보았습니다. 이윽고 사장은 내가 말을 꺼내기도 전에 자기가 알고 있는 정보를 말하기 시작했습니다. 그는 1시간 넘게 자세히 설명해주면서 확실하지 않은 부분은 다른 사람에게 전화를 걸어 알아봐 주기까지 했습니다. 제가 필요로 하는 모든 사항들, 숫자, 보고서, 서신까지 다요. 신문기자들이 말하는 그야말로 특종기사를 얻어낸 겁니다.

필라델피아에 살고 있는 C. M. 크나플은 어느 대형 연쇄점에 연료를 납품하려고 여러 해 동안 노력했지만 연쇄점 측에서는 시외에 있는 다른 업자에게서 연료를 구입했고, 연료를 실은 트럭들은 보란 듯이 늘 그의 사무실 앞을 지나갔다.

내 강연회에 참석한 그는 대형 연쇄점에 대한 불만을 털어놓으면서 미국의 대형 연쇄점들은 사회의 암적인 존재라고 악담을 퍼부었다.

나는 그에게 좀 색다른 방법을 제안했다. 그 전말을 간단히 설명하면 이러하다.

우리는 '대형 연쇄점의 확장이 지역 발전에 이로운가, 해로운가?'를 강연회 토론 의제로 채택하고 무작위 선택방식으로 수강생을 찬반으로 나누었다. 크나플은 평소와는 달리 연쇄점을 옹호하는 편에 서게 되었다. 그는 평소에 원수처럼 생각하고 있던 연쇄점 중역에게로 달려갔다.

"오늘은 연료를 팔려고 온 것이 아닙니다. 다른 부탁이 있어서 찾아왔습니다."

그는 중역에게 토론회에 대해 설명하고 나서 이렇게 말했다.

"대형 연쇄점에 관해 이사님보다 더 잘 아실 분은 없을 것 같아서 도움을 청하러 찾아온 겁니다. 토론회에서 꼭 이기고 싶습니다. 좀 도와주십시오."

나머지 이야기는 크나플 자신의 말을 그대로 옮긴다.

그 중역은 처음에는 시간을 1분밖에 못 내준다면서 겨우 사무실에 들어오게 했는데, 내 이야기를 듣고는 앉으라고 의자를 권하고 이야기를 시작하더니, 무려 1시간 47분 동안이나 계속했습니다. 그는 연쇄점에 관한 책을 쓴 적이 있는 다른 중역을 불러 오고, 전 미국 연쇄점협회에 조회하여 이 문제에 관한 토론 기록 사본까지 구해 주었습니다.

그는 연쇄점이 사람들에게 참다운 봉사를 하고 있다고 굳게 믿고 있었고, 자기가 하고 있는 일에 대한 긍지로 눈이 빛나고 있었습니다. 그의 이야기를 들으면서 나는 이제껏 한 번도 생각해 본 적이 없던 것들을 새로이 알게 되었고 내 사고방식이 잘못되어 있었다는 것을 깨달았습니다.

감사 인사를 하고 일어나자 그는 문 앞까지 따라 나와 내 어깨에 손을 얹으면서 토론회에서 꼭 이기기를 빈다고 말하고, 그 결과를 꼭 다시 와서 알려 달라고 했습니다. 그리고 '봄이 되면 꼭 오세요. 그때는 연료를 다시 주문해야 할 테니……'라고 덧붙였습니다.

나는 기적을 본 느낌이었습니다. 내가 부탁도 하지 않았는데 먼저 연료를 주문하겠다니! 10년 동안 우리 제품을 사달라고 그렇게 노력해도 안 되던 것이 단 2시간 만에 이루어진 겁니다. 난 그저 그의 연쇄점에 대해 관심을 보였을 뿐인데 말이죠.

하지만 크나플이 무슨 새로운 진리를 발견한 것은 아니다. B.C. 100년에 이미 로마의 시인 푸블리우스 시러스는 다음과 같이 말하고 있다.

"인간은 자기에게 관심을 갖는 사람에게 관심을 갖는다."

호감을 얻는 비결 1

다른 사람에게 진심으로 관심을 가져라.

Become genuinely interested in other people.

---

2. 미소를 지어라

뉴욕에서 열린 어느 만찬회에 참석했을 때의 일이다. 막대한 유산을 상속받은 어느 부인도 손님으로 와 있었는데 그녀는 다른 사람들에게 좋은 인상을 주려고 나름 무척 애쓰고 있었다. 그녀는 화려한 흑담비 모피와 다이아몬드, 진주 같은 보석으로 온몸을 치장하고 있었지만 얼굴에는 심술궂고 이기적인 표정이 그대로 드러나 있었다. 몸에 걸치는 옷보다 얼굴에 나타나는 표정이 훨씬 더 사람의 마음을 좌우한다는, 누구나 다 아는 그 진리를 그녀는 모르고 있었던 것이다.

찰스 슈왑은 나에게 자기 미소는 백만 불짜리라고 말했다. 확실히 그의 성공은 그의 인품과 매력, 사람들이 그를 좋아하게 만드는 능력에서 비롯된 것이고, 그의 매혹적인 미소는 그의 인품을 형성하는 가장 중요한 요소이다. 아마 그는 그 사실을 잘 알고 있었던 것 같다.

언젠가 모리스 슈발리에와 오후를 함께 지낸 일이 있었는데, 그는 내가 상상하던 것과는 달리 무척 무뚝뚝하고 말이 없었다. 그래서 처음에 나는 무척 실망했다. 적어도 그가 미소를 짓기 전 까지는 그랬다. 그런데 어느 순간 그가 미소를 짓자, 마치 구름 사이로 태양이 나온 것 같은 느낌이 들었다. 그 미소가 아니었다 면, 모리스 슈발리에는 아직도 파리의 뒷골목 가구 제조 공장에 서 일하고 있었을지도 모른다.

말보다는 행동이 더 설득력을 갖는다. 미소는 "나는 당신을 좋 아해요. 당신 덕분에 정말 행복해요. 당신을 만나서 기뻐요."라 고 말하는 것과 같다.

개가 사랑 받는 까닭도 여기에 있다. 개는 주인을 보면 기뻐 서 어쩔 줄 몰라 한다. 그래서 우리도 개를 보면 반가운 마음이 들고 개가 사랑스러워지는 것이다.

하지만 마음에도 없는 거짓 미소, 기계적인 웃음은 도리어 불 쾌한 마음이 들게 한다. 마음에서 우러나는 따뜻한 미소만이 천 만금의 가치를 갖는 것이다.

미시간 대학의 제임스 V. 맥코넬 심리학 교수는 이렇게 말했다.

"미소를 지을 줄 아는 사람은 경영이든 교육이든 세일즈든 찡 그린 표정의 사람보다 더 효과적으로 할 수 있고, 아이를 더 행 복하게 기를 수 있다. 아이를 키울 때도 벌을 주는 것보다는 격 려해 주는 것이 훨씬 더 효과적이다."

뉴욕의 대형 백화점 사장은 무뚝뚝한 표정의 대학원 출신 직원보다는 초등학교도 제대로 나오지 못했더라도 상냥한 미소를 짓는 사람을 직원으로 채용하고 싶다고 말했다.

미국 최대의 고무회사 사장은 일에 재미가 나서 견딜 수 없는 정도가 아니면 절대로 성공하지 못한다고 말했다. 이 공업계의 거물은 '근면은 희망의 문을 여는 유일한 열쇠'라는 옛 격언을 그다지 믿지 않는 모양인지 이렇게 덧붙였다.

"마치 술자리에서 떠들썩하게 즐기는 것처럼 일해서 성공한 사람을 몇 알고 있는데, 그런 사람들이 돈맛을 알게 되어 진지하게 일과 씨름하기 시작하면 결국 일에 대한 흥미를 잃어버리고 실패하더군요."

다른 사람이 당신과 함께 있는 동안 즐겁기를 바란다면, 당신이 먼저 즐거워야 한다. 내 강좌에 참석한 사람들에게, 한 사람을 정해 놓고 그를 볼 때마다 미소를 짓는 일을 1주일 동안 계속한 다음 그 결과를 발표하자고 제안했다.

지금 내 손에는 뉴욕 장외증권 중개인 윌리엄 스타인하트의 편지가 있다. 그의 경우가 특별해서가 아니라 대부분의 경우에 해당하는 예라서 여기에 소개해 본다.

나는 결혼한 지 18년이 되었습니다. 그동안 아침에 일어나서 출근할 때까지 아내에게 미소를 짓는 건 고사하고 거의 말 한 마디 안 하는 세상 무뚝뚝한 사람이었죠.

선생님이 미소에 관한 실험을 해보자고 말했을 때, 나도 시험 삼아 한번 해볼까 하는 생각이 들었습니다. 그래서 다음 날 아침에 머리를 빗으면서 거울에 비친 돌부처 같은 내 얼굴에다 대고 말했습니다.

"빌, 오늘은 제발 그 우거지상을 펴고 미소를 지으라고!"

마침내 나는 아침 식탁에 앉으면서 아내에게 "잘 잤소?" 인사하고 미소를 지었습니다. 선생님은 상대방이 깜짝 놀랄지도 모른다고 말씀하셨죠? 아내의 반응은 그 이상이었습니다. 아내는 거의 충격을 받은 것 같았습니다. 이제부터는 매일 이렇게 할 거라고 아내에게 말했고 그 약속을 지금까지 꼭 두 달 동안 지키고 있습니다. 그리고 이 두 달 동안에 우리 가정에는 일찍이 맛보지 못했던 행복이 깃들었습니다.

이제 나는 매일 아침 출근할 때, 아파트의 엘리베이터 안내양에게도 미소를 지으며 인사하고, 수위에게도 웃는 얼굴로 인사를 합니다. 지하철 창구에서 거스름돈을 받을 때도 미소를 지으며 인사하고, 직장에서도 내 웃는 얼굴을 이제껏 한 번도 보지 못했던 사람들에게 미소를 던집니다.

내가 미소를 지으면 상대방도 미소로 대답한다는 것을 알게 되었습니다. 불평거리를 들고 찾아오는 사람들에게도 이제 나는 명랑한 태도로 대하게 되었습니다. 그들의 불만에 귀를 기울이면서도 미소를 잃지 않게 되자, 모든 문제가 한결 수월하게 해결되었습니다. 미소 덕분에 내 수입도 부쩍 늘었습니다.

나는 지금 다른 중개인과 공동으로 사무실을 사용하고 있는데 그 사람의 사무원 가운데 특별히 호감이 가는 청년이 있습니다. 며칠 전에 그 청년에게 대인관계에 대한 내 새로운 철학을 들려 주었습니다. 그러자 그는 나를 처음 만났을 때는 인상이 참 고약 하다고 생각했는데 최근에는 완전히 다시 보게 됐다고 솔직히 말해 주는 것이었습니다. 내 웃는 얼굴에는 인간미가 넘쳐흐른 다면서 말이죠.

그 다음부터 나는 비난하지 않기로 결심했습니다. 비난하는 대 신 칭찬하고 격려하고 감사했습니다. 내가 바라는 것을 말하지 않고, 다른 사람의 입장에 서서 사물을 생각하도록 노력했습니 다. 그랬더니 내 삶은 문자 그대로 혁명적인 변화가 일어났습니 다. 전혀 딴 사람이 된 것처럼 나는 수입도 늘고 좋은 친구도 많 은 행복한 인간이 되었습니다. 더 바랄 것이 없을 정도입니다.

이 편지를 쓴 사람이 뉴욕의 장외증권 중개인이란 점을 생각해 주기 바란다. 뉴욕의 장외증권 중개인은 정말 스트레스가 많아 서 100명 중 99명은 실패할 정도로 어려운 일이다. 그런 사람이 이토록 행복해졌다는 것이 정말 놀랍지 않은가?

하지만 미소를 지을 기분이 나지 않을 때는 어떻게 해야 할까?

첫째, 억지로라도 웃어라. 일단 웃으면 저절로 웃게 된다.

둘째, 억지로라도 휘파람을 불거나 콧노래를 불러라. 이미 행 복한 것처럼 행동하면 신기하게도 정말로 행복한 기분이 든다.

유명한 심리학자 윌리엄 제임스는 이렇게 말했다.

"행동이 감정에 따라 일어나는 것처럼 보이지만, 실제로 행동과 감정은 병행한다. 그러므로 우리는 우리의 의지로 직접 통제할 수 있는 행동을 조정하는 것으로 우리의 감정을 간접적으로 통제할 수 있다. 우울하거나 불쾌한 감정을 극복하는 가장 좋은 방법은 이미 유쾌한 것처럼 말하고 행동하는 것이다."

세상 사람들은 누구나 행복을 추구하지만 누구다 다 행복하지는 못하다. 행복을 얻을 수 있는 가장 확실한 방법은 자신의 생각을 조절하는 것이다. 행복은 외적 조건에 달려 있는 것이 아니라 자신의 마음가짐에 달려 있기 때문이다.

행복은 재산이나 지위, 직업 등에 달려 있는 것이 아니다. 그것은 당신이 무엇을 행복이라 생각하는지에 달려 있다. 예를 들어 같은 장소에서 같은 일을 하고, 사는 정도나 지위도 비슷한 두 사람이 있다고 하자. 그런데 한 사람은 행복하고 또 한 사람은 불행하다면 왜 그럴까? 마음가짐이 다르기 때문이다.

"사물에는 원래 좋고 나쁜 것이 없다. 단지 우리들의 생각이 그렇게 만들 뿐이다."

이것은 셰익스피어의 말이다.

"행복해지겠다고 마음만 먹으면 사람들은 행복해진다."

이것은 링컨의 말이다. 정말 옳은 말이다. 얼마 전에 나는 이 말을 증명하는 생생한 광경을 목격했다.

그때 나는 뉴욕의 롱아일랜드 역 계단을 올라가고 있었다. 내 바로 앞에는 30여 명이나 되는 불구 소년들이 목발을 짚고 힘겹게 계단을 올라가고 있었다. 심지어 보호자에게 업혀서 올라가는 소년들도 있었다. 나는 그 소년들의 쾌활한 웃음소리와 떠들썩할 정도로 활기찬 모습에 새삼 놀라운 기분이 들었다. 그래서 나는 실례를 무릅쓰고 내 옆에서 걸어가던 어느 보호자에게 물어 보았다. 그는 웃으며 이렇게 대답했다.

"아이들도 처음에는 평생 불구자로 살아야 한다는 사실에 극심한 충격을 받지만, 차차 그 충격을 극복하고 운명을 받아들이고 나면 보통 아이들처럼 쾌활해진답니다."

나는 소년들에게 경의를 표하고 싶었다. 그들은 나에게 평생 잊을 수 없는 교훈을 주었던 것이다.

다음은 수필가 엘버트 허버드의 글이다. 하지만 아무리 좋은 충고도 실천하지 않으면 아무 소용없다는 것을 꼭 기억하면서 읽어주기 바란다.

집에서 나올 때에는 턱을 안으로 당기고 머리를 곧게 세워라.
숨을 크게 들이 마시며 햇볕을 즐겨라.
친구를 웃음으로 맞고 정성을 다해 악수하라.
오해받을 걱정 따위는 하지 마라.
적에 대해 생각하느라 시간을 허비하지 마라.

하고 싶은 일을 마음속에서 굳게 결정하라.

그리고 한눈팔지 말고 목표를 향해 돌진하라.

위대하고 훌륭한 일에 대해 생각하라.

시간이 흘러가는 동안 어느새 당신이 바라는 위대한 일을 이루는 데에 필요한 기회를 잡고 있는 것을 깨닫게 될 것이다.

그것은 마치 산호가 흐르는 물에 몸을 맡기고 필요한 것을 취하는 것과 같다.

당신이 되고 싶은 사람을 마음속에 그려라.

시간이 흘러가는 동안 어느새 당신은 실제로 그런 인물이 되어가고 있을 것이다.

생각은 실로 중요한 것이다.

올바른 정신 자세를 가져라.

용감하고 솔직하고 명랑한 태도를 지켜라.

생각은 곧 창조하는 것이다.

모든 것은 소망에서 생겨나고 간절한 기도는 응답을 받는다.

우리는 우리가 마음먹은 그대로 된다.

턱을 안으로 당기고 머리를 곧게 세워라.

미완성의 신, 그것이 곧 인간이다.

다음은 크리스마스 기간 동안 뉴욕의 어느 백화점 광고문에 실린 프랭크 어빙 플레처의 글이다.

크리스마스의 미소

– 프랭크 어빙 플레처

미소는 돈 한 푼 들이지 않고도 많은 이익을 냅니다.

미소는 아무리 주어도 줄지 않고, 받는 사람은 부유해집니다.

미소는 한 순간이지만 때로는 영원히 기억에 남기도 합니다.

미소 없이 살아갈 만큼 부자인 사람은 없고

미소를 누리지 못할 만큼 가난한 사람도 없습니다.

미소는 가정을 행복하게 하고

미소는 사업을 번창하게 합니다.

미소는 우정의 암호이고, 지친 자에게는 휴양이며

실의에 빠진 자에게는 광명이 되고,

슬픈 자에게는 태양이 되고,

고민하는 자에게는 자연의 해독제가 됩니다.

미소는 살 수도 없고,

강요할 수도 없고,

빌릴 수도 없고,

훔칠 수도 없습니다.

왜냐하면 미소는 공짜로 줄 때에만 가치가 있기 때문입니다.

크리스마스 쇼핑의 혼잡 때문에 혹시 저희 판매원들 가운데

누군가가 너무 피로한 나머지 미소를 보여 드리지 못한다면,

손님께서 그에게 미소를 보여 주시기 바랍니다.

더 이상 미소를 지을 수 없게 된 사람이야말로 누구보다 더 미소가 필요하기 때문입니다.

호감을 얻는 비결 2

미소를 지어라.

Smile.

3. 이름을 기억하라

1898년 뉴욕의 로크랜드에서 처참한 사건이 일어났다.

어떤 어린아이가 죽어서 마을사람들은 장례식에 참석할 준비를 하고 있었고, 짐 팔리는 마구간에서 말을 끌어내고 있었다. 땅은 눈으로 뒤덮여 있었고 날씨는 매섭게 추웠다. 날씨 탓에 계속 좁은 마구간에 갇혀 있던 말은 며칠 만에 밖으로 나오자 갑자기 난폭해져서 나대다가 뒷발로 짐 팔리를 걷어차 죽이고 말았다. 그 바람에 스토니 포인트라는 이 작은 마을에서는 연달아 장례식을 치르게 되었다.

짐 팔리는 아내와 세 아들, 그리고 약간의 보험금을 남기고 죽었다. 생계가 막막해지자 겨우 열 살밖에 안 된 큰아들 제임스 팔리는 벽돌공장에 나가 모래를 개어서 틀에 넣고 그것을 햇볕에 늘어놓아 말리는 일을 했다. 그 소년에게는 학교에 다닐 시간이 없었다. 하지만 그 소년은 천성적으로 쾌활한 성격과 다른 사람의 호감을 얻는 재능 덕분에 나중에는 정계에 진출하게 되었다. 그는 유독 사람들의 이름을 잘 기억하는 비상한 능력을 가지고 있었던 것이다. 그는 학교 문턱에도 가보지 못했지만 46세에는 이미 4개의 대학에서 명예학위를 받았고, 민주당 전국위원장에 미합중국의 체신부 장관이 되었다.

나는 그와 인터뷰하는 자리에서 그의 성공 비결을 물었다.

"열심히 일하는 거죠." 그가 대답했다.

"농담이시죠?"

내가 말했더니 그는 도리어 나에게 되물었다.

"그럼 당신은 내 성공 비결이 뭐라고 생각하십니까?"

"의장님은 수천 명의 이름을 기억하고 계시다고 들었는데요. 그게 성공 비결 아닐까요?" 내가 대답했다.

"아니, 틀렸소. 5만 명입니다." 그가 말했다.

제임스는 석고회사의 세일즈맨으로 각지를 돌아다니는 동안, 그리고 스토니 포인트에서 가게를 하는 동안 사람들의 이름을 기억하는 방법을 생각해 냈다고 한다.

이 방법은 생각보다 아주 간단했다. 그는 새로운 사람을 만날 때마다 이름과 가족관계, 직업, 그리고 정치적인 견해 등을 알아내고 그것들을 완전히 머릿속에 저장해두었다가 다시 만났을 때, 설사 1년 뒤에라도, 그와 악수하면서 가족들의 안부를 묻거나 뒤뜰에 핀 접시꽃에 대해 물었다. 그러니 지지자들이 늘어나지 않을 수 있겠는가?

루즈벨트가 대통령 선거에 출마하기 수개월 전부터, 제임스 팔리는 서부와 서북부 지역의 사람들에게 매일 수백 통의 편지를 보냈다. 그리고 19일 동안에 20주를 순회했다. 기차, 자동차, 마차, 나룻배 등 온갖 교통수단을 이용한, 장장 1만 2천 마일의 여정이었다. 한 도시에 도착하면 곧 그곳 사람들과 식사나 차를 나누면서 흉금을 터놓고 이야기를 주고받고, 곧바로 다음 도시로 달려가는 식이었다.

　순회를 마치고 돌아온 그는 자신이 순회한 도시의 대표자들에게 편지를 보내 자신의 모임에 참석한 사람들의 명단을 보내 달라고 부탁했다.

　이렇게 모인 목록에는 수만 명의 이름이 적혀 있었는데, 그 많은 사람들이 한 사람도 빠짐없이 민주당 전국위원장 제임스 팔리의 친근감 넘치는 편지를 받는 기쁨을 누렸다. 편지는 늘 '친애하는 빌'이나 '친애하는 제인'으로 시작해서 '제임스'라는 서명으로 끝났다.

　인간이란 다른 사람의 이름 같은 것에는 전혀 관심도 없으면서 자기 이름에 대해서는 큰 관심을 가지고 있다는 사실을, 제임스 팔리는 일찍부터 알고 있었던 것이다.

　누가 자기의 이름을 기억하고 있다가 불러주면 기분이 좋아지는 법이어서 웬만한 칭찬보다 낫다. 하지만 반대로 상대방의 이름을 잊어먹거나 잘못 쓰면 손해를 단단히 본다.

예를 들어 언젠가 파리에서 대중 연설법 강좌를 개최한 일이 있었는데 그때 나는 파리에 사는 모든 미국인들에게 안내장을 보냈다. 그런데 영어를 잘 모르는 프랑스인 타이피스트에게 겉봉을 부탁한 것이 실수였다. 덕분에 나는 파리 주재 미국은행 지점장에게서 자기 이름의 철자가 틀렸다는 항의를 듣고야 말았던 것이다.

앤드류 카네기의 성공의 비결은 무엇일까?

그는 어린 시절부터 사람들을 조직하고 통솔하는 재능을 보여주었다. 그는 열 살 때 이미 인간이란 누구나 자기 이름에 대하여 비상한 관심을 가지고 있다는 사실을 발견하였으며, 이 발견을 이용하여 사람들의 협력을 얻어냈던 것이다.

그가 스코틀랜드에서 살던 소년시절, 그는 토끼 한 마리를 잡았다. 그런데 마침 그 토끼는 새끼를 배고 있어서 토끼장은 곧 새끼들로 가득 찼다. 토끼 먹이를 마련해야 했던 그는 이웃 아이들을 불러 모아서 토끼의 먹이를 많이 뜯어 오면 새끼 토끼에게 그의 이름을 붙여 주겠다고 약속했다. 이것은 마술 같은 효과를 발휘했고 카네기는 이때의 일을 절대로 잊지 않았다.

그 후, 카네기는 펜실베이니아 철도회사에 강철 레일을 납품하려고 하고 있었다. 당시 그 철도회사의 사장은 에드가 톰슨이라는 사람이었다. 카네기는 피츠버그에 거대한 제철공장을 세우고 그 공장 이름을 '에드가 톰슨 철강소'라고 붙였다. 펜실베이니아 철도회사에서는 레일을 어디에서 구입했겠는가? 그것은 독자들의 상상에 맡기기로 하겠다.

카네기와 조지 풀먼이 침대 열차 사업으로 서로 경쟁할 때, 철강왕은 다시 토끼의 교훈을 기억했다.

카네기의 센트럴 철도회사와 풀먼의 회사는 유니언 퍼시픽 철도회사의 침대 열차 사업을 따내기 위해 덤핑 경쟁을 벌이고 있었다. 카네기와 풀먼은 각자 유니언 퍼시픽 철도회사의 수뇌부를 만나기 위해 뉴욕으로 출발했다.

성 니콜라스 호텔에서 풀먼을 만나자 카네기가 소리쳤다.

"안녕하십니까, 풀먼 씨! 생각해 보니 우리가 바보짓을 하고 있는 것 같군요."

"그게 무슨 뜻입니까?" 풀먼이 물었다.

카네기는 이제까지 생각하고 있던 것을 그에게 털어놓았다. 그것은 두 회사의 합병이었다. 서로 경쟁하느라 적자사업을 하지 말고 두 회사가 힘을 합쳐 서로에게 이익이 되도록 하는 것이 현명하다고 그는 진지하게 설명했다. 풀먼은 귀를 기울여 듣기는 했지만 반신반의하는 모양이었다.

이윽고 풀먼은 카네기에게 이렇게 물었다.

"그럼 새 회사 이름은 뭐라고 하죠?"

그러자 카네기는 선뜻 이렇게 대답했다.

"그야 물론 풀먼 팰리스 차량회사죠."

그러자 풀먼의 얼굴이 갑자기 밝아지면서 이렇게 말했다.

"내 방으로 가서 조용히 상의합시다."

결국 이 대화가 새로운 산업 역사가 새로운 페이지를 열게 된 셈이다.

이처럼 친구들과 거래처 사람들의 이름을 기억하고 존중하는 것이 카네기 성공 비결의 하나였다. 카네기는 자기 공장에서 일하는 수많은 노동자들의 이름을 기억하고 있는 것과 자신이 책임자로 있던 공장에서는 한 번도 파업이 일어나지 않았던 것을 자랑으로 여겼다.

유명한 피아니스트인 파데레프스키는 자신의 침대차의 흑인 요리사에게 〈미스터 코퍼〉라고 정중한 호칭을 사용함으로써 상대방에게 자기의 중요감을 느끼게 했다.

파데레프스키는 열렬한 청중들의 요망에 보답하기 위하여 15회나 전 미국을 여행하며 연주회를 열었다. 그때마다 그는 전용 열차를 타고 다녔는데 연주회가 끝나면 저녁식사는 꼭 그 흑인 요리사의 몫이었다. 그런데 파데레프스키는 그 흑인의 이름을 마구 부르지 않고 언제나 유럽식으로 반드시 '미스터 코퍼'라고 예의를 갖추어 불렀다. 당사자인 미스터 코퍼는 그럴 때마다 큰 기쁨을 느꼈고, 언제나 정성껏 그의 식사를 준비했다고 한다.

대부분의 사람들은 다른 사람의 이름을 별로 기억하지 않는다. 바빠서 기억할 시간이 없다는 것이 그 이유다. 하지만 아무리 바쁜 사람이라도 프랭클린 루즈벨트보다 더 바쁘지는 않을 것이다. 그런데 그 루즈벨트는 우연히 만난 기계공의 이름을 외어 두기 위해서 시간을 쪼갰다면 어떤가?

루즈벨트는 다리가 불구였기 때문에 보통 차는 운전할 수가 없었다. 그래서 크라이슬러 자동차회사에서 루즈벨트를 위해 특별 승용차를 제작했다. W. F. 챔벌레인과 기계공 한 사람이 그 승용차를 대통령관저에 배달했는데 챔벌레인은 나에게 보낸 편지 속에서 그때의 상황을 이렇게 말하고 있다.

나는 대통령께 특수한 장치가 달린 자동차 운전법을 가르쳐드렸고, 그분은 나에게 훌륭한 인간관계법을 가르쳐 주셨습니다.

관저에 들어갔을 때, 대통령은 무척 유쾌하게 내 이름을 부르면서 나의 긴장을 풀어주셨습니다. 특히 감명 깊었던 것은 그분이 내 설명에 진심으로 귀 기울이며 흥미를 보이신 일이었습니다. 많은 사람들이 차를 구경하려고 모여들었습니다. 그 자동차는 두 손만으로 조종할 수 있도록 되어 있었는데 대통령이 특히 이 부분에 대해 매우 흥미를 보였습니다.

"이건 정말 신기한걸! 버튼을 누르기만 하면 되니까 누구라도 쉽게 운전할 수 있겠어. 그 장치가 어떻게 생겼는지 정말 궁금하지 않나? 한 번 분해해서 내부를 자세히 봤으면 좋겠군."

대통령은 자동차를 구경하고 있는 여러 사람들 앞에서 내게 말씀하셨습니다.

"챔벌레인 씨, 이렇게 훌륭한 자동차를 개발하느라 당신이 애쓴 시간과 노력에 감사를 드립니다. 정말로 감탄했습니다."

대통령은 라디에이터, 백미러, 시계, 조명기구, 차내 장치, 운전석 그리고 트렁크 속에 이름이 새겨진 여행가방 등까지 하나하나 살펴보면서 칭찬하셨습니다. 내가 특별히 신경 쓴 세세한 부분까지도 놓치지 않고 말입니다.

대통령은 루즈벨트 여사와 퍼킨스 양, 노동부 장관과 비서 등 주위 사람들에게도 자동차의 새로운 장치를 구경시키며 설명하셨습니다. 그리고 일부러 늙은 흑인 하인을 부르더니. "조지 이 특제품 여행 가방은 특히 조심해서 다루어 주길 바라네." 하고 말씀하는 것이었습니다.

운전 연습이 끝나자 대통령은, "챔벌레인 씨, 연방준비위원회를 30분이나 기다리게 했으니 그곳에 가봐야겠소."하셨습니다.

나는 그때 기계공을 한 사람 데리고 갔었는데, 우리가 대통령 관저에 도착했을 때 그도 물론 대통령께 소개되었습니다만 그 뒤로는 잠자코 있었습니다. 그러니까 대통령은 그의 이름을 딱 한 번 들었을 뿐입니다. 그런데 막상 우리가 작별인사를 드릴 때가 되자, 대통령은 그 기계공의 이름을 부르면서 수고했다고 악수해주시는 것이었습니다. 그냥 건성으로 하는 인사가 아니라 정말 따뜻한 인사였습니다.

뉴욕으로 돌아온 며칠 뒤에 나는 대통령의 사인이 든 사진과 감사장을 받았습니다. 대통령이 어떻게 그런 틈까지 내주셨는지 나로서는 도무지 알 수가 없습니다.

　프랭클린 루즈벨트는 남에게서 호감을 받는 가장 간단한 방법, 누구나 할 수 있지만 대부분 하지 않는 방법을 일찍부터 알고 있었다. 상대방의 이름을 기억하고, 상대방에게 중요감을 갖게 하는 일 말이다. 그런데 이 사실을 알고 있는 사람이 과연 세상에는 몇 사람이나 있을까? 알고 있지만 실천하고 있는 사람은 과연 몇이나 있을까?

　초면의 사람과 인사를 나누고 2~3분 동안 이야기를 하다가, 작별인사를 할 때면 벌써 상대방의 이름이 생각나지 않는 경우가 흔하지 않은가?

　나폴레옹의 조카였던 나폴레옹 3세는 국정으로 눈코 뜰 새 없이 바쁜 속에서도 한 번 소개 받은 사람의 이름은 모두 기억했다고 한다. 그 비결은 무엇이었을까?

　그는 상대방의 이름을 기억하기 위해 특별한 노력을 기울였는데, 우선 상대방의 이름을 똑똑히 듣지 못했으면 다시 말해 달라고 부탁했고, 상대방의 이름이 특이해서 외우기 어려운 경우에는 철자가 어떻게 되는지 물었다. 그리고 상대방과 이야기를 나누고 있는 동안에 그 이름과 상대방의 얼굴, 표정, 태도를 함께 기억하는 방식이었다.

만일 상대방이 중요한 인물일 경우에는 그와 헤어지고 난 뒤에 곧 메모지에 그의 이름을 써 놓고, 정신을 집중하여 뚫어지게 들여다보아 완전히 기억한 다음에 그 메모지를 찢어 버렸다.

물론 이것은 시간과 노력이 많이 드는 방법이다. 하지만 에머슨은 이렇게 말하고 있다.

"좋은 습관은 사소한 희생을 쌓아올림으로써 이루어진다."

호감을 얻는 비결 3

**사람들에게는 자기 이름이 어떤 말보다
기분 좋고 중요하다는 것을 기억하라.**

Remember that a person's name is to that person the sweetest and most important sound in any language.

---

4. 상대방의 말에 귀를 기울여라

나는 브릿지 게임을 할 줄 모르는데 브리지 게임 파티에 초대되어 간 일이 있다. 마침 나처럼 브릿지 게임을 할 줄 모르는 금발여인이, 내가 라디오에 출연해서 유명해진 로웰 토머스의 전 매니저로서 그의 그림을 곁들인 여행기 준비를 위해 둘이 함께 유럽 각지를 여행했었다는 사실을 알고 나에게 말했다.

"카네기 씨! 선생님이 여행하신 멋진 곳과 아름다운 경치에 대해 듣고 싶어요."

그녀가 내 옆에 앉으면서, 자기는 최근 남편과 함께 아프리카 여행에서 돌아왔다고 말하기에 나는 큰 소리로 외쳤다.

"아프리카라고요! 그거 참 멋지군요! 나도 아프리카에는 꼭 가보고 싶은데 알제리에 고작 24시간 머문 게 전부거든요. 진짜 맹수들이 우글거리는 곳에 가 보셨어요? 정말 멋진 여행을 하셨군요! 아프리카 여행이 어땠는지 얘기 좀 해주세요."

그녀의 이야기는 쉬지 않고 45분이나 계속되었다. 그녀는 내 여행담을 듣고 싶었던 것이 아니라 자기 이야기를 하고 싶었던 것이다.

뉴욕의 출판업자인 J. W. 그린버그 씨가 주최한 만찬회에서 유명한 식물학자를 만났을 때의 일이다. 나는 그때까지 식물학자와는 한 번도 이야기를 나눈 일이 없었기 때문에 그의 이야기에 완전히 빠지고 말았다. 회교도들이 마취제로 쓰는 인도 대마초 이야기, 식물의 새로운 품종을 엄청나게 만들어낸 루더 버뱅크 이야기, 이국적인 풍취가 가득한 실내정원에 대한 얘기들을 듣고 있는 동안 나는 완전히 넋이 빠져 있었다. 우리 집에도 작은 실내정원이 하나 있었는데 식물학자는 평소에 내가 궁금하게 여기던 문제들도 모두 해결해 주었다.

우리들은 만찬회에 초대받은 손님이었고 다른 손님들도 10여 명이나 더 있었지만 나는 무례함을 무릅쓰고 다른 손님들과는 아예 대화를 나누지 않고, 몇 시간 동안 그 식물학자하고만 이야기를 나누었다. 이윽고 밤이 깊어 작별을 고할 때, 그 식물학자는 주인에게 내 칭찬을 늘어놓았다. 맨 마지막으로 한 칭찬은 내가 '세상에서 보기 드문 화술가'라는 것이었다.

보기 드문 화술가라고? 그건 정말 말도 안 되는 칭찬이었다. 그때 나는 거의 아무 말도 하지 않았으니까 말이다. 아니, 말을 하고 싶어도 식물학에 대해서는 전혀 아는 것이 없었기 때문에, 화제를 바꾸지 않는 이상 나에게는 말할 거리도 없었던 것이다.

한 가지 분명한 것은 그의 이야기를 정말 진지하게 들었다는 것이다. 진심으로 흥미진진하게 들었고 식물학자도 그것을 알고 있었다. 그것이 그는 즐거웠던 것이다.

상대방의 말에 귀를 기울이는 것은 우리가 상대방에게 줄 수 있는 최고의 찬사이다.

"칭찬에 유혹당하지 않는 사람도, 자기 얘기를 열중해서 들어 주는 사람에게는 유혹 당한다."

잭 우드포드가 《사랑의 이방인》에서 한 말이다.

나는 식물학자의 이야기를 열중해서 들어 주었을 뿐만 아니라, 찬사까지도 아낌없이 해주었다. 나는 식물학자에게 대단히 재미있었고 배운 바가 많았다고 말했고 실제로도 그렇게 생각했다. 나는 그와 함께 채집을 나가고 싶다고도 말했는데 실제로 그렇게 되었다.

나는 그저 그의 이야기를 듣기만 했는데도 그는 나를 말재주가 좋은 사람이라고 생각했던 것이다.

사업상의 상담을 성공적으로 이끄는 비결은 무엇일까?

상담의 비결에 대하여 찰스 엘리어트 박사는 이렇게 말하고 있다.

"상담에는 특별한 비결이 없다. 단지 상대방의 이야기에 귀를 기울이는 것이 중요할 뿐이다. 어떠한 찬사도 이보다 더 효과적일 수는 없다."

이것은 너무나 평범하고 단순해 보이지만 굉장히 중요한 말이다.

세상에는 비싼 임대료를 주고 점포를 빌려서, 훌륭한 상품을 근사하게 진열해 놓고, 막대한 돈을 광고비로 쓰면서도 가장 중요한 것은 놓치는 경우가 많다. 바로 손님들의 말을 귀담아 듣는 종업원을 고용하지 않는 것이다.

J. C. 우튼은 뉴저지에 있는 어느 백화점 바겐세일 코너에서 양복을 한 벌 샀다. 그런데 집에 와서 그 양복을 입어 보니 물감이 빠져서 와이셔츠 깃에 검게 묻는 것이었다.

그는 양복을 가지고 다시 백화점으로 가서, 그것을 판 점원에게 그 사실을 말했다. 아니 말하려고 했다. 점원은 그의 말을 끝까지 듣지도 않고 자기 말만 늘어놓았던 것이다.

"우리 백화점에서는 이것과 똑같은 양복을 지금까지 몇천 벌이나 팔았는데 그런 일은 아직 한 번도 없었어요. 게다가 바겐세일 코너에서 산 물건은 반품이나 환불이 불가능하다고 여기 써 있잖아요."

"그래도 이건 하자가 있는 상품이잖아요."

"그 가격대의 검은 양복은 원래 처음에는 색이 좀 빠질 수도 있어요. 고급 양복과는 다르죠."

점원은 그에게 싸구려 양복을 샀으니 어쩔 수 없다는 투로 말하면서 환불은 절대로 안 된다고 말했다.

아무 문제 없는 상품을 들고 와서 생트집을 잡는다는 식으로 말하질 않나, 싸구려 양복을 산 주제에 말이 많다는 식으로 말하질 않나, 그는 기분이 완전히 상해서 점원과 한동안 옥신각신하다가 다시는 이 백화점에 오지 않겠다고 다짐하면서 그곳을 나왔다. 그때 마침 백화점 지배인이 달려왔다. 아마 다투는 소리를 듣고 온 모양이었다.

지배인은 그에게 무슨 일이냐고 물었다. 우튼은 지배인에게 처음부터 끝까지 다시 이야기했다. 지배인은 그의 이야기를 끝까지 다 듣고 나서 양복을 살펴보고 이렇게 말했다.

"바겐세일은 원래 계절이 지난 상품을 싸게 처분하는 것이라 원칙적으로는 반품이 안 됩니다만 하자가 있는 상품은 다릅니다. 교환이든 환불이든 원하시는 대로 해 드리겠습니다."

사람을 대하는 태도가 얼마나 다른가! 우튼은 상품의 하자에 대해 자기가 하려고 했던 말을 다 하고 나자 기분이 좀 풀렸다. 만약 지배인이 그곳에 오지 않았다면 그 백화점은 단골손님을 영원히 잃어버렸을 것이다.

사소한 일에 기를 쓰고 불평하는 사람들, 상습적으로 거칠게 불만을 퍼붓는 사람들도 꽤 있다. 하지만 그런 사람들도 인내심 있고 동정적인 태도로 귀 기울여 자기 이야기를 들어 주는 사람 앞에서는 유순해지는 법이다. 그러니 성난 코브라처럼 몸을 빳빳이 세우고 입으로 독을 내뿜는 사람 앞에서는 조용히 침묵하면서 귀를 기울이는 것이 가장 좋다.

뉴욕 전화회사는 몇 년 전부터 교환원들에게 마구 욕설을 퍼붓는 못된 고객 때문에 골치를 앓고 있었다. 그는 툭하면 전화회사로 전화를 걸어서 화를 내며 욕을 퍼붓고 전화기의 선을 잘라버리겠다고 위협하는가 하면, 청구서가 잘못되었다고 난리를 치면서 전화요금을 지불하지 않기 일쑤였고, 신문에 투서를 하고, 공공사업위원회에 진정서를 제기했으며, 심지어는 전화회사를 상대로 소송까지 걸었다.

　　마침내 전화회사에서는 분쟁해결 전문가에게 이 사건을 맡겼다. 고객을 찾아간 분쟁해결 전문가는 상대방이 마음대로 울분을 터뜨리는 동안 조용히 그의 말에 귀를 기울이고 계속 '그렇습니다' '당연하신 말씀입니다' '네, 그렇군요'라고 하며 그의 불만에 동감을 표시했다.

　　이 일에 대하여 그는 내 강좌에 나와서 이렇게 설명했다.

　　"처음에 그는 거의 3시간 동안 계속 화를 내면서 전화회사에 대해 호통치고 욕하고 비난했습니다. 나는 가끔씩 '네, 그렇군요' '그렇습니다'라고 대답하며 듣기만 했습니다. 두 번째 만났을 때도 역시 그랬습니다. 그 사람과 네 번 만났는데, 네 번째 면담이 끝날 무렵에 나는 그가 설립하려고 계획하고 있는 모임의 회원이 되었습니다. 그 모임의 이름은 '전화 가입자 보호협회'였는데 내가 알기로는 지금까지도 그 사람 말고는 회원이 나 한 사람밖에 없습니다. 나는 그 사람이 불평하는 동안 내내 상대방의 처지에서 들어주었습니다.

그는 그런 태도를 보인 전화회사 직원을 처음 만났다고 하면서 차츰 호의적인 태도를 보였습니다. 나는 네 차례나 그를 방문했지만 찾아간 목적에 대해서는 그때까지 한 마디도 하지 않았습니다. 그런데도 네 번째 면담을 할 때 그는 자진해서 이제까지 밀린 전화요금을 다 지불하고, 진정서와 소송도 취하해 주었습니다."

말도 많고 탈도 많던 이 사나이는 전화회사의 가혹한 착취에서 시민의 권리를 보호하는 투사를 자처하고 있었지만 사실은 자기 중요감을 충족하고 싶었던 것이다. 처음에 그는 욕설과 불평, 고소 등으로 자기 중요감을 충족시켰지만 전화회사 직원이 자기 중요감을 인정해주자 그의 망상에서 비롯된 불평들이 순식간에 사라져버리고 말았던 것이다.

세계적으로 유명한 데트머 모직 회사 창립 초기에는 이런 일도 있었다. 어느 날, 창립자인 줄리안 데트머의 사무실로 어떤 사람이 잔뜩 화가 나서 뛰어 들어왔다.

데트머는 당시의 일을 이렇게 설명했다.

그 사람은 우리 회사에 15달러의 미불금이 있었습니다. 그런데 본인은 절대로 아니라고 잡아떼는 것이었습니다. 회사 측에서는 고객이 착각하고 있다고 생각하고 그에게 여러 번 독촉장을 보냈습니다. 그러자 화가 난 그는 멀리 시카고에 있는 내 사무실까지 달려와서 지불은 고사하고 앞으로 데트머 회사와는 거래를 끊겠다고 말하는 것이었습니다.

나는 그의 말을 꾹 참고 들었습니다. 중간에서 몇 차례나 대꾸를 하고 싶은 충동이 일어났지만 일단 그가 하고 싶은 말을 다 하도록 했습니다. 할 말을 다하고 나자 그는 어느 정도 흥분이 가라앉았고 이제 이쪽 말도 들어 줄 것 같은 태도를 보였습니다. 그래서 나는 조용히 말했습니다.

'일부러 이렇게 먼 시카고에까지 와 주셔서 정말 감사합니다. 덕분에 큰 도움이 되었습니다. 담당자가 그런 실수를 했다면, 다른 분들에게도 같은 실수를 하고 있을지도 모르니까요. 그렇다면 정말 큰일입니다. 선생님께서 오시기 전에 제가 먼저 찾아뵈었어야 했는데 죄송합니다.'

그는 내가 이런 식으로 말할 줄은 꿈에도 몰랐을 겁니다. 나를 호되게 혼내 주려고 단단히 마음먹었는데 이래서야 먼 길을 달려온 보람이 없다고 생각했는지 그는 거의 실망한 것 같은 표정이었습니다.

나는 다시 이렇게 덧붙였습니다.

'우리 회사 직원들은 수천 장이나 되는 거래처의 계산서를 취급하고 있습니다. 하지만 선생님은 본인 계산서만 꼼꼼하고 주의 깊게 보시면 되니까 아무래도 잘못은 저희 쪽에 있을 것이라고 생각됩니다. 15달러 문제는 저희 쪽이 잘못한 것으로 인정하겠습니다.'

나는 그의 기분을 잘 알 수 있고, 아마 내가 그의 입장이었더라도 역시 그와 똑같이 했을 거라고 말했습니다. 그리고 그가 우리 회사와 이제 거래를 끊겠다고 말했기 때문에 나는 다른 회사를 추천해 주었습니다. 그리고 그에게 점심을 하러 가자고 했더니 그는 마지못해 따라오는 눈치였습니다.

그런데 식사를 마치고 다시 사무실로 돌아오자 그는 갑자기 많은 상품을 주문하는 것이었습니다. 그러고 나서 그는 기분 좋게 집으로 돌아갔습니다. 그리고 얼마 뒤에 그는 자신의 서랍에서 문제의 청구서를 발견했다면서 사과 편지와 함께 15달러 수표를 보냈습니다.

나중에 그는 아들을 낳았는데 데트머라는 미들 네임을 붙였습니다. 그 후 그는 지금까지 22년 동안 나의 좋은 친구였고 좋은 고객이었습니다.

네덜란드에서 이민 온 소년이 있었다. 소년은 학교에서 돌아오면 1주일에 50센트를 받고 빵집 창문을 닦는 아르바이트를 했고, 매일 바구니를 들고 거리로 나가서 석탄 차가 흘리고 간 석탄 부스러기를 주워 모았다.

그 소년의 이름은 에드워드 보크였다. 그는 가난해서 초등학교 6년도 채 못 마쳤지만, 훗날 미국에서 가장 성공적인 잡지의 편집인이 되었다. 그가 성공한 비결은 무엇인가? 한 마디로 요약하면, 그는 이 장에서 말한 원리를 그대로 실천했던 것이다.

그는 13세 때 학교를 그만두고, 웨스턴 유니언 전보회사에서 주급 6달러 25센트를 받고 사환으로 일했다. 그는 독학을 시작했다. 교통비를 절약하고 점심을 굶으면서 저축한 돈으로 미국 유명인사들의 전기를 사서 읽고, 그들에게 소년시절의 이야기를 더 자세히 들려 달라고 부탁하는 편지를 보냈다.

그는 당시 대통령 선거에 입후보 중이던 제임스 가필드 장군에게 편지를 보내, 그가 소년시절에 운하에서 배를 끄는 인부로 일했다는 것이 사실이냐고 물었다. 그러자 그에게서 답장이 왔다. 그는 율리시스 그랜트 장군(남북전쟁 때 북군의 총사령관. 미국 18대 대통령)에게도 편지를 보내 장군이 치른 유명한 전투에 대해 질문했다. 그러자 장군은 지도까지 곁들여 설명한 답장을 보내 주었을 뿐만 아니라, 열네 살짜리 소년을 집으로 초대하여 직접 그 전투 이야기를 들려주기까지 했다.

이 어린 전보회사 사환은 이윽고 수많은 유명인사들과 편지를 주고받는 사이가 되었다. 랄프 왕도 에머슨, 필립스 브룩스(유명한 설교사), 올리버 웬델홈즈(시인. 생리학자), 롱펠로(유명한 시인), 링컨 부인, 루이자 메이 올콧(여류작가), 셔먼 장군, 제퍼슨 데이비스(정치가) 등이 포함되어 있었다.

소년은 그 유명한 사람들과 편지를 주고받았을 뿐만 아니라, 휴가철이 되면 그들을 찾아가 따뜻한 환영을 받았다. 그는 이러한 경험에서 무엇과도 바꿀 수 없는 자신감을 얻었다. 그들 유명인사들은 자신의 성공을 있게 했던 꿈과 희망을 소년에게 옮겨

불붙게 했다. 그것은 그가 바로 이 장에서 설명한 원리를 적용함으로써 가능했던 것이다.

유명한 저널리스트인 아이작 마코슨은, 사람들이 좋은 인상을 주는 일에 실패하는 것은 대부분의 경우 상대방의 말을 주의 깊게 듣지 않기 때문이라고 말하면서 이렇게 덧붙였다.

"사람들은 자기가 할 말을 생각하느라 상대방의 말을 잘 듣지 않는다. 하지만 성공한 사람들은 대부분 말을 잘하기보다는 듣기를 잘하고 좋아한다. 아무래도 듣기 잘하는 재능은 다른 재능보다 훨씬 터득하기가 어려운 모양이다"

"사람들은 자기 이야기를 들어줄 사람이 필요할 때 의사를 부른다."

이것은 언젠가 리더스 다이제스트지에 실린 말이다.

남북전쟁이 한창일 무렵, 링컨 대통령은 고향 스프링필드에 사는 옛 친구에게 편지를 보내 중요한 문제를 상의하고 싶으니 워싱턴으로 와 달라고 부탁했다. 친구는 곧 백악관을 방문했다. 링컨은 친구 앞에서 노예해방 선언 발표에 대해 몇 시간이나 쉬지 않고 혼자 떠들었다. 그러고 나서 링컨은 그에 관한 온갖 투서와 신문기사들도 찬성과 반대를 가리지 않고 친구에게 읽어 주었다. 그렇게 몇 시간이 지나자 링컨은 친구에게 고맙다는 인사와 함께 작별의 악수를 청했다. 친구의 의견은 한 마디도 물어 보지 않고 말이다.

하지만 링컨은 그것으로 충분했다. 링컨은 조언이 필요했던 것이 아니라 믿고 마음을 털어놓을 수 있는 친구, 자기의 의견을 진지하게 들어 줄 사람이 필요했던 것이다.

당신이 만약 다른 사람에게서 미움과 조소와 경멸을 받고 싶다면 아주 간단한 방법이 있다.

① 누구의 말이든 절대로 오래 듣지 마라.
② 처음부터 끝까지 당신 얘기만 해라.
③ 상대방이 말하고 있을 때라도 하고 싶은 말이 생각나면 얼마든지 상대방의 말을 끊고 말해라.

혹시 당신도 이런 사람을 알고 있는가? 아마 분명히 있을 것이다. 나 역시 그런 사람을 알고 있다. 더 놀라운 것은 그런 사람들이 유명인사들이라는 것이다. 이렇게 자기만 잘났다고 뽐내는 사람들은 상대할 가치조차 없다. 컬럼비아대학 총장인 니콜라스 버틀러 박사는 이렇게 말했다.

"자기 일만 생각하는 사람은 교양 없는 사람이다. 아무리 높은 교육을 받았다 해도 교양 없는 사람이다."

대화를 잘하는 사람이 되려면 먼저 상대방의 말을 잘 들을 줄 알아야 한다. 찰스 리 여사는 이렇게 말했다.

"상대방에게 흥미를 갖도록 하려면 내가 먼저 그 문제에 대해 흥미를 가져야 한다."

그러니까 상대방이 기꺼이 대답할 수 있는 질문을 해야 하고, 상대방에 관한 일이나 그가 좋아하는 이야기를 해야 한다.

당신이 지금 이야기를 나누고 있는 상대방은 당신이나 당신의 문제보다 몇백 배나 더 자신의 일에 관심을 갖고 있다는 사실을 명심하라. 백만 명이 굶어죽는 중국의 기근보다 자기 치통이 더 중요하고, 아프리카에서 일어난 지진보다 자기 목에 난 종기가 더 심각한 법이다.

호감을 얻는 비결 4

남의 말을 잘 들어주는 사람이 되어라.

Be a good listener.

---

5. 상대방의 관심사에 대해 이야기하라

루즈벨트 대통령을 만난 사람은 누구나 그의 해박한 지식에 놀라지 않을 수 없었다.

"루즈벨트는 상대방이 카우보이든 의용 기병대원이든 정치가든 외교관이든 상관없이 그 사람에게 적합한 화제를 풍부하게 가지고 있었다."

이것은 마리엘 블라드포드가 루즈벨트를 평한 말이다. 도대체 그는 어떻게 그렇게 다양하고 풍부한 지식을 가지고 있었을까? 알고 보면 간단한 일이다. 루즈벨트는 누구와 만나기로 약속이 되어 있으면, 그 사람이 특별히 관심을 갖고 있는 문제에 관해서 전날 밤 늦게까지 독서를 했다고 한다.

다른 지도자들도 다 그렇겠지만 특히 루즈벨트는 사람의 마음을 사로잡는 지름길은 상대방이 가장 깊은 관심을 가지고 있는 문제를 화제로 삼는 일이란 사실을 잘 알고 있었던 것이다.

예일 대학 문학부 교수였던 윌리엄 라이언 펠브스는 그의 〈인간의 본성〉이라는 수필에서 이렇게 서술하고 있다.

여덟 살 때 나는 스트래트포드에 살고 있는 리비 린즐리 숙모님 댁에서 주말을 보낸 적이 있었다. 저녁 무렵에 중년 신사 한 분이 찾아와서 숙모님과 한동안 이야기를 나누더니, 나에게 관심을 보였다. 그때 나는 보트에 빠져 있었는데 그 신사는 보트에 관한 이야기를 아주 흥미진진하게 이야기해주었다. 나는 그의 이야기에 홀딱 빠져서 들었다. 그 손님이 돌아가자 나는 아주머니에게 세상에 그렇게 재미있는 사람은 없을 거라고 열렬하게 말했다.

그러자 숙모님은 그 신사는 뉴욕에 사는 변호사인데 보트에 대해서는 별 관심 없는 사람이라고 알려주셨다.

"그렇다면 왜 그분은 보트 얘기만 하셨죠?"

"그야 그분은 신사니까, 네가 보트에 열중하고 있는 걸 알고 네가 좋아하는 얘기를 하신 거야. 너를 기분 좋게 해주려고 말이지."

나는 아주머니의 이 말을 평생 잊을 수 없었다.

이 장을 쓰고 있는 동안 나는 현재 보이스카우트에서 활약하고 있는 에드워드 찰리프에게서 편지를 받았다.

우리는 유럽에서 개최되는 보이스카우트 잼버리에 소년 단원 한 명을 대표로 보낼 계획이었습니다. 문제는 여행경비를 마련하는 것이었는데, 나는 미국 굴지의 어느 회사 사장에게 기부해 달라고 부탁해보기로 했습니다.

다행히도 그 사람을 만나러 가기 직전에 나는, 그 사람이 결제가 끝난 100만 달러짜리 수표를 기념으로 액자에 넣어 자랑거리로 간직하고 있다는 이야기를 들었습니다.

나는 사장실에 들어가자마자 그에게 수표를 보고 싶다고 부탁했습니다. 100만 달러짜리 수표라니! 세상에, 그런 거액의 수표를 끊을 수 있는 사람이 있다는 것은 정말 상상도 못했다고 하면서 그 수표를 내 눈으로 본 얘기를 소년단 아이들에게 해 주고 싶다고 말했습니다. 사장은 기꺼이 그 수표를 보여 주었습니다. 나는 감탄하고 또 감탄하면서 어떻게 100만 달러짜리 수표를 발행하게 되었는지 자세히 들려 달라고 부탁했습니다.

(찰리프가 보이스카우트나 유럽 잼버리에 대해 아직 한마디도 하지 않았다는 것을 눈치 챘는가? 그는 오직 상대방의 자랑거리인 수표에 대해서만 얘기했다. 그 결과는 다음과 같다.)

한참 신나게 얘기하다가 문득 사장이 물었습니다.

"그런데 나를 찾아오신 용건이 무엇이었지요?"

그제야 나는 용건을 말했습니다. 그러자 사장은 놀랍게도 내 부탁을 단번에 들어 주었습니다. 게다가 나는 소년 한 사람의 여행경비만 부탁했는데, 그는 소년 5명과 나까지 보내주겠다면서 유럽에서 7주 동안이나 묵고 오라고 말했습니다. 그리고 우리들의 편의를 돌봐주라고 유럽 지점장에게 소개장까지 써주는 것이었습니다.

그 이후로 그는 우리 소년단의 활동을 계속 돌보아 주고 있으며, 집이 가난한 소년 단원들에게 일자리를 마련해 준 일도 여러 차례 있었습니다. 하지만 만일 내가 그의 관심사가 무엇인지 몰랐다면 그의 후원을 그처럼 쉽게 얻어내지는 못했을 것입니다.

이 방법이 과연 사업에도 통용될 수 있을까?

뉴욕의 빵 도매업자인 헨리 두버노이는 뉴욕의 어느 호텔에 빵을 납품하려고 무던히도 애를 쓰고 있었다. 그는 4년 동안 매주 지배인을 찾아갔다. 지배인이 출석하는 회합에도 참석하고, 그 호텔에 손님으로 묵기도 했지만 아무 소용이 없었다.

두버노이는 그때의 노력에 대해 이렇게 말했다.

대인관계에 대해 공부하기 시작한 다음부터 나는 전략을 바꿨습니다. 지배인이 무엇에 관심을 가지고 있는지, 최근 어떤 일에 열을 올리고 있는지 조사하기 시작한 겁니다.

나는 그가 미국호텔협회 회장이라는 사실을 알게 되었습니다. 그는 국제호텔협회 회장까지 겸하고 있었는데, 협회의 모임이 열리는 곳이면 어디든지 비행기를 타고라도 반드시 참석할 정도로 협회 일에 열정적이었습니다.

그래서 다음 날 그를 찾아갔을 때는 먼저 그 협회에 대한 이야기로 시작했습니다. 그러자 그의 반응은 대단한 것이었습니다. 그는 눈을 빛내면서 거의 30분 동안이나 협회에 대해 말했습니다. 협회를 발전시키는 것이 그에게는 아주 큰 즐거움이자, 인생을 건 프로젝트인 것 같았습니다.

그날은 빵에 대해서는 한마디도 하지 않고 그저 협회 이야기만 하다 돌아왔습니다. 그런데 며칠 뒤 그 호텔 사무장이 빵 견본과 가격표를 가져오라고 전화를 했더라고요. 생각해 보세요! 그 지배인과 거래를 트기 위해서 지난 4년 동안 내가 그를 얼마나 쫓아다녔는데 말이죠. 그의 관심사가 무엇인지 몰랐다면 나는 아마 아직도 그를 따라다니며 헛수고만 하고 있을 겁니다.

호감을 얻는 비결 5

상대방의 관심사에 대해 이야기하라.

Talk in terms of the other person's interests.

6. 진심으로 칭찬하라

뉴욕 8번가에 있는 우체국에서 나는 등기우편을 부치려고 줄을 서서 기다리고 있었다. 그런데 등기 창구 직원의 표정이 그다지 밝지 않았다. 어제도 오늘도 똑같이 우편물을 계량하고, 우표와 거스름돈을 내 주고, 영수증을 만들어 주는 일에 싫증이 난 얼굴이었다. 그래서 나는 생각했다.

'저 사람이 나를 좋아하게 만들어볼까? 그러려면 저 사람을 칭찬해야 할 텐데? 그의 어떤 점을 칭찬해야 할까?"

하지만 이것은 무척 어려운 문제다. 특히 초면인 사람이라면 더욱 그렇다. 다행히도 이번에는 아주 쉽게 해결되었다. 그에게서 곧바로 멋진 점을 발견했던 것이다.

그가 내 편지의 중량을 재고 있을 때 나는 감탄하며 말했다.

"머릿결이 정말 부드럽고 찰랑거리네요."

놀란 표정으로 나를 쳐다보는 그의 얼굴에 미소가 번졌다.

"전엔 정말 그랬는데 요샌 많이 나빠졌어요."

전에는 어땠는지 모르지만 지금도 정말 멋지다고 말해주자 그는 무척 기뻐하며 이렇게 말했다.

"다들 제 머릿결이 좋다고 칭찬하긴 해요."

분명히 그날 그는 기분 좋게 점심을 먹으러 갔을 것이고 집에 돌아가서 아내에게도 그 이야기를 했을 것이고, 어쩌면 거울 앞에 서서, "정말 멋지군!"하고 중얼거렸을지도 모른다.

언젠가 내가 이 이야기를 하자 누군가 나에게 물었다.

"그렇게 해서 당신이 얻은 건 무엇입니까?"

내가 무엇을 얻었냐고! 다른 사람을 기쁘게 해 주거나 칭찬하는 일에서 보상을 바라는 소견 좁은 인간들은 틀림없이 실패하고 말 것이다. 아, 다시 생각해 보니 나도 그에게서 어떤 보상을 바라고 있었는지도 모른다. 하지만 그것은 돈으로 살 수 없는 것이었다. 그리고 나는 확실히 그 보상을 얻었다. 아무것도 바라지 않고 그를 기분 좋게 해주었다는 유쾌한 기분, 그런 기분은 오래도록 즐거운 추억으로 남는 법이다.

인간의 행동에는 굉장히 중요한 법칙이 하나 있다. 이 법칙을 따르면 인간관계에서 일어나는 대부분의 분쟁을 피할 수 있고, 많은 친구를 얻을 수 있고, 평생 행복하게 살 수 있다. 하지만 이 법칙을 깨뜨리는 순간 우리는 끝없는 문제에 부딪치게 된다.

그 법칙이란 바로 이것이다.

상대방에게 자신이 중요한 사람이라는 느낌이 들게 하라!

앞에서도 말했지만 존 듀이 교수는 중요한 인물이 되고 싶다는 소망이 인간의 가장 뿌리 깊은 욕구라고 말했고, 윌리엄 제임스 교수는 인간 본성을 이루고 있는 바탕은 다른 사람에게 인정받고 싶은 욕구라고 단언했다. 이 욕구가 바로 인간과 동물을 구분 짓는 것이고 인류 문명을 발전시켜 온 원동력인 것이다.

인간관계의 법칙에 대해서는 수많은 철학자들이 수천 년에 걸쳐 연구를 계속해 왔고 이미 가장 중요한 교훈을 발견했다. 그것은 결코 새로운 것이 아니라 인간의 역사만큼이나 오래된 것이다. 3천 년 전 페르시아에서 조로아스터는 이 교훈을 가르쳤고, 2천4백 년 전 중국에서는 공자와 노자가 그것을 제자들에게 가르쳤다. BC 5백 년에 석가는 성스러운 갠지스 강 기슭에서 그것을 설교했고, 그보다도 천 년 전에 힌두교의 성서는 그것을 가르쳤다. 그리고 예수는 2천 년 전에 유대의 바위산에서 이 교훈을 한 가지 사상으로 요약했다. 그것은 아마도 이 세상에서 가장 중요한 교훈일 것이다.

내가 대접받고 싶은 대로 남을 대접하라.

사람은 누구나 주위 사람들로부터 인정받기를 바라고 있다. 자신의 진정한 가치를 인정받음으로써 자기가 중요한 존재라고 느끼고 싶은 것이다. 속이 훤히 들여다보이는 입에 발린 칭찬 말고, 마음에서 우러나는 진정한 칭찬에 허기져 있는 것이다. 찰스 슈왑의 말처럼 진심어린 지지와 인정, 그리고 아낌없는 칭찬을 받기를 바라고 있는 것이다.

어느 날 나는 라디오시티(록펠러센터에 근처에 있는 일류 호텔)의 안내원에게 헨리 수벤의 사무실이 몇 호인지 물었다. 단정한 제복을 입은 그 안내원은 똑똑 끊어서 대답했다.

"헨리 수벤 씨의 사무실은 1, 8, 1, 6호입니다."

나는 엘리베이터 쪽으로 가다가 돌아서서 안내원에게 말했다.

"번호를 가르쳐 주는 방법이 참 좋군요. 명료하고 정확해서 단번에 알아들을 수 있었어요. 아주 좋습니다. 감사합니다."

그러자 그는 활짝 웃으며 왜 그렇게 한 글자씩 또박또박 말하는지 설명했다. 내가 한 간단한 칭찬이 그를 기쁘게 했던 것이다. 나는 18층까지 올라가면서 인류 행복의 총 중량을 조금이라도 늘려 주었다는 개운한 기분을 느끼고 있었다.

이 칭찬의 철학은 외교관이나 자선회장 같은 곳에서나 활용할 수 있는 그런 것이 아니라, 언제 어디서나 누구라도 일상생활에서 활용하여 마술 같은 효과를 거둘 수 있는 것이다.

예를 들어 식당에서 감자튀김을 주문했는데 종업원이 으깬 감자를 가져왔다면 화를 내는 대신 이렇게 말하는 것이다.

"수고를 끼쳐서 미안하지만 나는 감자튀김을 주문했는데요."

그러면 종업원은 기분 좋게 바꿔 올 것이다. 왜냐하면 우리가 종업원을 존중해 주었기 때문이다. 이렇게 정중한 말씨는 우리의 단조로운 일상생활의 톱니바퀴에 윤활유를 치는 작용을 함과 동시에 본인의 인격을 증명해 준다.

《크리스천》《재판관》《맨 섬의 사람들》 등의 베스트셀러를 쓴 홀 케인은 대장장이의 아들로 태어나 학교에는 8년 정도밖에 다니지 못했지만 세계에서도 손꼽히는 부자 작가가 되었다.

청년 시절에 홀 케인은 소네트 14행시와 민요를 무척 좋아했는데 특히 영국의 시인 단테 가브리엘 로제티에게 홀딱 빠져 있었다. 그는 로제티의 예술적 업적을 찬양하는 글을 써서 그 사본을 로제티에게 보냈다.

로제티는 무척 기뻐하며 자기의 능력에 대해 이처럼 고상한 의견을 가진 청년이라면 틀림없이 훌륭한 인물일 거라 생각하고 이 대장장이의 아들을 런던으로 불러 자기의 비서로 채용했다.

이것은 홀 케인의 인생을 완전히 바꾸어 놓는 계기가 되었다. 그는 이 새로운 일자리에서 당시의 유명한 문학가들과 가까이 교제하게 되었고, 그의 재능을 알아본 그들의 충고와 격려에 힘입어 새로운 인생항로로 출범하였으며, 그리하여 그 문명을 세계에 이름을 떨칠 수 있게 되었다.

맨 섬에 있는 그의 저택 글리버 캐슬은 세계 각지에서 몰려드는 관광객들의 성지가 되었고 그가 남긴 유산은 250만 달러나 된다고 한다. 하지만 누가 알겠는가? 그가 로제티를 찬양하는 글을 쓰지 않았더라면 그는 가난한 대장장이로 일생을 마쳤을지도 모른다.

마음에서 우러나온 진정한 칭찬에는 이처럼 기적 같은 위력이 있다. 로제티는 자기 자신을 중요한 존재라고 생각하고 있었다. 그것은 당연한 일이다. 인간이란 거의 누구나 그렇게 생각하고 있으니까.

미국인 중에는 일본인에 대해 우월감을 가지고 있는 사람이 있다. 하지만 일본인 중에도 미국인에 대해 우월감을 가지고 있는 사람이 있다. 나는 일본 여인이 백인과 춤을 추는 것을 보고 분개하는 보수적인 일본인을 본적도 있다.

힌두교도에 대해 우월감을 갖든 말든 자유지만, 힌두교도들은 자기들이 이교도들보다 훨씬 우월하다고 생각하고 있다. 그래서 그들은 자기 앞에 있는 음식물에 이교도의 그림자가 스치기만 해도 음식이 더러워졌다고 생각하여 절대로 먹지 않는다.

에스키모인에 대해 백인들이 우월감을 갖든 말든 그것은 개인의 자유지만, 정작 에스키모인들은 백인에 대하여 어떻게 생각할까? 에스키모인들은 게으르고 쓸모없는 사람을 백인 같은 놈이라고 욕하는데 그들 사이에 이보다 더 멸시하는 뜻으로 사용되는 말은 없다고 한다.

사람은 누구나 다른 사람보다 자기가 어느 면에서는 우월하다고 생각한다. 그렇기 때문에 상대방의 마음을 확실하게 사로잡는 방법은, 상대방의 장점을 인정해주고 그가 나름 세상에서 중요한 인물이라는 것을 느끼게 해주는 것이다.

"누구든 나보다 어느 면에서는 배워야 할 점을 갖고 있다."

에머슨이 한 말이다. 이 말을 꼭 기억하기 바란다.

내 강좌에 참가한 사람들 가운데 칭찬의 원칙을 응용하여 성공을 거둔 사람의 이야기를 소개하겠다. 코네티컷에 사는 변호사는 친척에게 실례가 될 수도 있다는 이유로 이름을 밝히지 말아달라고 부탁했기 때문에 편의상 R씨라고 해 두겠다.

내 강좌에 등록하고 얼마 안 되었을 때 R씨는 아내와 함께 롱아일랜드에 있는 연로한 숙모님댁을 방문하게 되었다. 아내는 R씨를 숙모의 집에 혼자 남겨놓고 다른 친척 집에 갔다.

R씨는 칭찬의 원칙을 실험하고 그 결과를 다음 강좌에서 보고하기로 되어 있었기 때문에, 우선 숙모에게 실험해 보기로 했다. 그는 칭찬거리를 찾으려고 집안을 두루 살펴보았다.

"이 집은 1890년경에 지었죠?" 그가 물었다.

"맞아, 그 해에 지었지."

"제가 태어난 집도 꼭 이런 집이었어요. 이 집은 정말 아름답군요. 방도 널찍널찍하고 튼튼하구요. 요즘은 이런 집이 별로 없어요."

"정말 그래. 요즘 젊은이들은 집의 아름다움에는 전혀 관심이 없는 것 같아. 좁아터진 아파트에 냉장고를 꼭 놓아야만 하고, 집이 없어도 자동차는 꼭 사야 하지. 그런 사람들에게 이런 집은 정말 꿈같은 집일 거야."

숙모의 목소리에 옛 추억을 그리는 듯한 떨림이 담겨 있었다.

"이 집은 남편과 나의 사랑으로 지은 집이야. 우리는 몇 년 동안이나 이런 집을 꿈꾸었지. 설계도 우리가 직접 했다네."

숙모는 R씨를 데리고 다니며 집안을 샅샅이 구경시켜 주었다. R씨는 숙모가 여행을 다니며 모은 아름다운 수집품을 볼 때마다 진심으로 감탄했다. 스코틀랜드에서 사온 숄, 오래된 영국산 찻잔, 웨지우드의 도자기, 프랑스산 침대와 의자, 이탈리아에서 사온 그림, 프랑스 귀족의 별장에 걸려 있었다는 실크 커튼 등이 소중하게 진열되어 있었다.

집안 안내가 끝나자 숙모는 R씨를 차고로 데리고 가서 새 차나 다름없는 패커드 자동차를 가리키며 조용히 말했다.

"남편이 죽기 얼마 전에 나한테 사준 차야. 남편 생각이 나서 남편 죽은 뒤에는 한 번도 타지 않았지. 자네는 물건의 가치를 제대로 볼 줄 아는 것 같으니 이 차를 자네에게 주겠네."

"숙모님, 그건 곤란합니다. 숙모님의 호의는 물론 감사합니다만 저는 이 차를 받을 수 없습니다. 최근에 새로 산 차도 있고, 또 이런 고급 패커드라면 갖고 싶어 하는 가까운 친척도 많을 게 아닙니까?"

"가까운 친척이라고! 물론 많지! 내가 죽으면 이 차를 가져가
려고 기다리는 친척들이 많지! 하지만 어림없는 소리 말라고
해! 난 그런 사람들에게는 이 차를 절대로 주지 않을 거야."

"그럼 중고로 파셔도 값을 많이 받으실 수 있을 텐데요."

"이 자동차를 팔라고? 내가 이 차를 팔 것 같은가? 어디에 사
는 누군지도 모르는 사람이 이 차를 타고 돌아다니는 꼴을 내
가 견딜 수 있을 것 같아? 남편이 나를 위해서 사 준 차를? 절
대로 팔지 않을 거야. 나는 이 차를 꼭 자네에게 주고 싶어. 자
네는 아름다운 물건의 가치를 아는 사람이니까 말이야."

R씨는 어떻게든 사양하려고 했지만 그녀의 기분을 상하게 하
면서까지 버틸 수는 없었다.

넓은 집에서 홀로 외로이 아름다웠던 추억에 의지해 살아 온
노부인은 진심에서 우러난 작은 칭찬과 따뜻한 관심에 굶주려
있었던 것이다. 그녀도 한때는 젊고 아름다웠으며 남편과 함께
직접 집을 짓고 유럽 각지를 여행하면서 아름다운 물건들을 사
다가 방을 장식하기도 했다. 하지만 이제 늙고 고독한 숙모는 조
그만 위로나 칭찬의 말에도 깊이 감동을 받게 된 것이다. 그런데
도 누구 한 사람 그것을 그녀에게 주지 않았다. 그래서 그녀는 R
씨의 따뜻하고 진정성 있는 태도를 접하자 사막 한가운데서 샘
물을 발견한 것처럼 기뻤고, 가장 아끼는 패커드 자동차를 주지
않고는 그 마음을 표현할 수 없을 정도로 행복해졌던 것이다.

뉴욕에 있는 루이스&발렌타인 조경회사의 정원사로 있는 도널드 맥마흔은 어느 유명한 법률가의 저택 정원을 꾸미고 있었다. 사람을 움직이는 비결에 대한 내 강좌를 듣고 얼마 안 되었을 때였다. 집주인이 정원으로 나와서 철쭉과 진달래를 심을 곳에 대해 몇 가지 지시를 했다. 그는 집주인에게 말했다.

"판사님, 정말 좋으시겠습니다. 개들이 얼마나 멋진지 계속 감탄하고 있는 중입니다. 메디슨 스퀘어 가든에서 열리는 개 콘테스트에서 상도 많이 타셨다면서요?"

이 몇 마디 칭찬에 대한 반응은 정말 놀라운 것이었다.

"많이 탔죠. 우리 개들 구경 좀 하시겠소?"

집주인은 아주 기쁜 표정으로 거의 한 시간이나 나를 데리고 다니면서 그의 자랑스러운 개들과 그들이 받아온 상패며 트로피들을 차례차례 보여주고, 나중에는 혈통서까지 들고 나와서 어떻게 이렇게 아름답고 영리한 개들이 생겨났는지 설명했다. 끝으로 그는 나에게 아이가 있는지 물었다.

"네, 아들이 하나 있습니다."

"그럼 강아지를 좋아하겠군?"

"그럼요, 무척 좋아합니다."

"그럼 내가 강아지 한 마리를 녀석에게 선물하지."

판사는 강아지 키우는 법에 대해 설명하기 시작하더니 아무래도 말로만 일러 주면 잊어버릴 테니 아주 종이에 써주겠다면서 집안으로 들어갔다.

이윽고 그는 강아지 기르는 방법을 타이핑한 것과 강아지의 혈통서를 가지고 나왔다. 그 바쁜 사람이 1시간 반이나 되는 시간을 처음 만난 정원사에게 내주고, 게다가 돈을 주고 사려면 수천 달러는 줘야 할 귀한 강아지를 선뜻 준 것이다.

이 모든 것이 고작 그가 사랑하는 개를 진심으로 칭찬한 몇 마디 때문이었다.

코닥 사진기로 유명한 조지 이스트먼은 활동사진 제작에 반드시 필요한 투명필름을 발명하여 거부가 된 전설적인 인물이다. 그런데 그렇게 대단한 성공을 이루어낸 사람조차 우리와 마찬가지로 사소한 칭찬을 갈구하고 있었다.

이스트먼이 로체스터에 이스트먼 음악학교와 킬보언 홀을 건축하고 있을 때, 당시 뉴욕의 슈피리어 의자 회사 사장이던 제임스 아담슨은 이 두 건물에 설치할 의자 납품을 따내려고 생각하고 있었다. 아담슨은 건축가에게 연락하여 이스트먼과 로체스터에서 만날 약속을 잡았다.

아담슨이 약속한 장소로 나가자 건축가가 주의를 주었다.

"이 계약을 꼭 체결하고 싶으시죠? 하지만 당신이 만일 이스트먼의 시간에 5분 이상 빼앗는다면 성공할 가능성은 없습니다. 이스트먼은 몹시 까다롭고 바쁜 분이어서 용건을 최대한 간단히 요점만 간추려서 말하고 끝내야 합니다."

아담슨이 이스트먼의 사무실로 들어갔을 때 그는 책상 위에 수북이 쌓인 서류를 들여다보고 있었다. 얼마 후 그는 얼굴을 들고 안경을 벗더니 아담슨 쪽으로 걸어오며 물었다.

"안녕하세요? 두 분은 무슨 용건으로 오셨죠?"

건축가가 아담슨을 소개하자마자 아담슨은 이스트먼에게 이렇게 말했다.

"회장님을 기다리는 동안 사무실을 둘러보면서 정말 감탄했습니다. 이렇게 훌륭한 방에서 일하면 얼마나 좋을까 하구요. 저도 실내장식 전문가지만 지금까지 이렇게 훌륭한 사무실은 정말 처음 봅니다."

그러자 이스트먼이 이렇게 대답했다.

"아, 그러고 보니 이 사무실을 처음 꾸미던 때가 생각나는군요. 정말 아름답죠? 처음 꾸몄을 때는 나도 이 사무실을 굉장히 좋아했는데 일에 쫓기며 살다 보니 요즘은 사무실을 둘러보는 일조차 잊고 있었군요."

아담슨은 벽의 판자를 손으로 쓰다듬으며 말했다.

"영국산 떡갈나무군요. 이탈리아산과는 결이 다르죠."

"맞아요. 영국에서 수입해 왔는데, 목재에 대해서 잘 아는 친구가 골라 준 겁니다."

이스트먼은 아담슨에게 사무실 안을 안내하면서 방의 균형과 색채, 목각장식, 그리고 자기가 직접 고안해서 꾸민 곳 등에 대해 자세히 설명했다.

두 사람은 공들여 꾸민 방안의 구조를 보면서 돌아다니다가 창가에서 걸음을 멈추었다. 이스트먼이 사회사업을 위해 세운 여러 시설에 대하여 겸손하게 말하기 시작했기 때문이다. 그는 로체스터 대학, 종합병원, 동종요법병원, 사랑의 집, 어린이병원 등에 대해 설명했다. 아담슨은 그가 인류의 고통을 덜어 주기 위해 쏟는 노력에 대해 진심으로 감동하며 깊은 경의를 표했다. 그러자 이스트먼은 유리 상자 속에서 그가 처음으로 소유했던 카메라를 꺼내 보여주었다. 그것은 어떤 영국인에게서 산 발명품이었다.

이스트먼은 가난했던 소년시절을 회고하면서 홀로 된 어머니가 싸구려 하숙집을 시작했던 일이며, 일급 50센트를 받으며 어느 보험회사에 근무하던 일들을 실감나게 이야기했다. 참혹한 가난 속에서 그는 어떻게 해서든 반드시 가난에서 어머니를 해방시키겠다고 결심했다고 한다.

아담슨은 이스트먼에게 사업 초기에 겪었던 어려움들에서부터 성공하기까지에 대해 시시콜콜 자세하게 물었다. 그의 이야기는 사진 건판의 실험을 하던 무렵까지 계속 되었다. 사무실에서 하루 종일 꼬박 일을 계속하던 일, 약품이 작용하는 동안 잠깐씩 눈을 붙이면서 밤새워 실험하던 일, 때로는 잘 때나 일할 때나 작업복을 입은 채로 72시간 동안이나 지냈다는 일 등 이스트먼의 이야기는 그칠 줄을 몰랐다.

아담슨이 이스트먼의 방에 들어간 것은 10시 15분이었고 5분 이상 시간을 끌면 끝장이라는 주의를 받고 있었다는 것을 기억할 것이다. 그런데 벌써 1시간이 지나고 또 1시간이 흘러가고 있는데도 그의 이야기는 그칠 줄 모르고 계속되었다.

"지난번에 일본에 갔을 때 의자를 몇 개 사다가 집 앞마루에 놓아두었는데 햇볕에 색이 바랬더라구요. 그래서 얼마 전에 페인트를 사다가 직접 칠했습니다. 내 페인트칠 솜씨를 한 번 봐주시겠소? 우리 집에 가서 점심이나 함께 합시다."

점심을 먹고 나서 이스트먼은 아담슨에게 그 의자를 보여 주었다. 하나에 1달러 50센트나 될까한 싸구려 의자였지만 자기가 손수 페인트를 칠했다는 것 때문에 그에게는 무척 중요한 의자였던 것이다.

그럼 여기서 본론으로 들어가자. 9만 달러에 달하는 의자의 납품은 과연 누가 따냈을까? 그것은 말할 필요도 없을 것이다. 그날 이후로 이스트먼과 아담슨은 평생의 친구가 되었다.

이렇게 멋진 기적을 일으키는 칭찬의 법칙을 우리는 우선 자기 집에서 실험해 보는 것이 좋을 것이다. 가정만큼 칭찬의 법칙을 필요로 하는 곳은 없고, 가정만큼 그것이 소홀히 여겨지는 곳도 없다. 누구에게든 장점은 반드시 있다. 그런데도 당신은 사랑하는 가족에게 칭찬을 주지 않은 지가 도대체 몇 해나 되었는가?

몇 해 전에 나는 뉴브런즈웍 주의 미라미치 강 상류로 낚시를 갔다. 캐나다의 삼림 깊숙이 인가가 없는 곳에 캠프를 쳤는데, 읽을 것이라곤 달랑 지방신문 한 장 뿐이었다. 덕분에 나는 그것을 구석구석 광고란까지 빼놓지 않고 정독했는데 그 신문에 드로시 딕스 여사가 쓴 기사가 실려 있었다. 무척 인상적인 기사였기 때문에 나는 그것을 오려 내어 지금까지 보관하고 있다. 시집가는 신부에게 주는 교훈은 귀가 아프도록 많지만, 신랑에게도 교훈이 필요하다는 기사였다.

칭찬하는 말을 잘할 수 있을 때까지는 절대로 결혼해서는 안된다. 독신으로 있는 동안에는 여성을 칭찬하거나 칭찬하지 않거나 자유지만, 일단 결혼을 하고 나면 아내를 칭찬하는 것이 필수조건이 된다. 이것은 자신의 안전을 위해서도 불가결한 조건이다. 솔직히 말하는 것은 금물이다. 결혼생활은 외교하는 장소이다.

만족스러운 나날을 보내고 싶거든 절대로 아내의 살림 방법을 비난하거나 짓궂게 자기 어머니의 방법과 비교하지 마라. 오히려 언제나 아내의 살림 방법을 칭찬하고, 재색을 겸비한 이상적인 여성과 결혼한 행복을 공공연히 기뻐해야 한다.

설령 비프스테이크가 쇠가죽처럼 질기고 토스트가 숯처럼 탔더라도 절대로 불평하지 말고 '오늘은 전만큼 잘 되지 않았군' 하는 정도로 가볍게 말해야 한다.

그러면 아내는 남편의 기대에 어긋나지 않으려고 **뼈**가 부서지도록 끊임없이 노력할 것이다.

이 방법은 갑자기 시작해서는 안 된다. 그러면 아내가 이상하게 생각할 것이다. 우선 오늘 밤에 아내에게 꽃이나 케이크를 선물로 사 가는 것으로 시작하는 것이 좋을 것이다.

괜찮은 생각이라고? 말만 하지 말고 실천할 일이다! 거기에다 미소 띤 얼굴로 상냥한 말까지 덧붙이는 남편이나 아내가 늘어나면 세상의 이혼율도 6분의 1쯤은 줄게 될 것이다.

당신이 만일 여성에게 사랑받는 방법을 알고 싶다면 내가 그 비결을 가르쳐 주겠다. 이것은 굉장히 효과적인 방법이다. 하지만 사실은 내가 생각해 낸 것이 아니라 드로시 딕스 여사에게 배운 것이다.

딕스 여사는 23명의 여성의 마음과 그녀들의 적금을 차례차례로 손에 넣은 유명한 결혼사기범과 인터뷰를 한 일이 있는데, 어떻게 그 많은 여성들의 마음을 그렇게 완전하게 사로잡을 수 있었는지 묻자 그는 이렇게 대답했다고 한다.

"어려울 거 하나도 없어요. 여자들을 만나면 만나는 순간부터 헤어질 때까지 오직 그녀에 대한 이야기만 하고 있으면 됩니다."

이 방법은 남성에게도 마찬가지로 통한다.

"상대방 남자의 일에 대해서만 이야기하라. 그러면 상대방은 아무리 무뚝뚝한 사람이라도 몇 시간이고 싫증내지 않고 당신 말에 귀를 기울이고 있을 것이다."

이것은 수완 좋기로 이름난 영국의 대정치가 디즈렐리가 한 말이다.

호감을 얻는 비결 6
**상대방에게 자신이 중요한 사람이라는 기분을
느끼게 하라.**
Make the other person feel important.

Part 3

사람을 설득하는
열두 가지 비결

1. 논쟁을 피하라

제1차 세계대전이 끝난 직후의 어느 날 밤 나는 런던에서 아주 귀중한 교훈을 얻었다. 그때 나는 로스 스미스 경의 매니저로 있었다. 스미스 경은 대전 중 팔레스타인 공중전에서 용맹을 떨친 호주인 조종사로, 전쟁이 끝나자마자 30일 만에 지구의 반 바퀴를 비행하여 온 세상을 놀라게 한 인물이다. 그의 모험은 당시로서는 상상할 수도 없는 일이었기에 대단한 센세이션을 일으켰다. 호주 정부는 그에게 5만 달러의 상금을 주었고, 영국 여왕은 그에게 기사 작위를 수여했다. 그는 하루아침에 대영제국에서 가장 놀라운 화제의 주인공이 되었다.

어느 날 밤, 그를 위한 연회에 나도 참석했다. 모두가 식탁에 둘러앉아 식사를 하고 있을 때 내 오른쪽 옆자리에 앉아 있던 사람이 '시작은 인간이 하지만 완성은 하나님이 하신다'는 말을 인용하면서 성경에 나오는 구절이라고 말했다. 하지만 그것은 틀린 말이었다. 나는 그 말의 출전을 잘 알고 있었기 때문에 나의 중요감과 우월감을 만족시키기 위해서 그의 잘못을 지적했다.

"뭐라고요? 그게 셰익스피어 말이라고? 천만의 말씀! 그건 분명히 성경에 나오는 말씀이에요!"

그는 이렇게 주장하며 고집을 부렸다.

마침 내 왼쪽 옆자리에는 나의 오랜 친구인 프랭크 가몬드가 앉아 있었다. 그는 오랫동안 셰익스피어를 연구한 전문가였기 때문에 우리는 그에게 묻기로 했다. 그는 식탁 밑으로 내 다리를 툭 치면서 이렇게 말했다.

"데일, 자네가 틀렸어. 저분 말씀이 옳아. 그건 성경에 나오는 말씀이야."

그날 밤 집으로 돌아가는 길에 나는 가몬드에게 물었다.

"프랭크, 그건 셰익스피어 작품에 나오는 말이야. 자네도 잘 알잖아?"

"물론 잘 알지. 〈햄릿〉 제5막 제2장! 하지만 데일, 우리는 즐거운 연회에 초대되어 간 손님이었잖아. 그 사람 잘못을 증명할 필요가 뭐 있어? 증명된들 좋을 게 뭔가? 상대방의 체면도 생각해 줘야지. 그는 자네에게 의견을 물은 적도 없고, 자네 의견을 듣고 싶어 하지도 않았는데 왜 그와 논쟁하려고 해? 어떤 경우든 모 나는 짓은 하지 않는 게 좋아."

그 친구는 이미 세상을 떠나고 없지만, 그 교훈만은 아직도 내 가슴 속에 깊이 새겨진 채로 남아 있다. 그 교훈은 천성적으로 토론을 좋아하는 나에게는 특히 필요한 것이었다.

어렸을 때 나는 세상 모든 일에 대해 형과 토론을 벌였다. 대학에서는 논리학과 토론법을 공부했고 토론 대회에도 참가했다. 지독하게 이론적으로 따지고 들어서 상대방이 증거를 코앞에 들이대기 전까지는 절대로 후퇴하는 일이 없었다. 나중에는 뉴욕에서 토론과 변론술을 가르치기도 했고, 지금 생각하면 등골이 오싹해지는 일이지만, 그 방면의 책을 낼 계획도 갖고 있었다.

하지만 그 뒤로 나는 수많은 토론을 깊이 비판도 하고 참가도 하면서 토론의 효과를 지켜보게 되었다. 그 결과 논쟁에서 이기는 방법은 세상에 단 하나밖에 없다는 결론을 얻었다. 그것은 바로 논쟁을 피하는 것이다. 독사나 지진을 피하듯이 논쟁은 피하는 것이다.

논쟁은 거의 예외 없이, 쌍방 모두 자기주장이 옳다는 것을 더욱 확신하는 것으로 끝나게 마련이다.

논쟁에서 이기는 것은 불가능하다. 논쟁에 지면 진 것이고, 이긴다 해도 역시 지는 것이기 때문이다. 왜냐고? 논쟁에 이겨서 상대방의 코를 납작하게 만든다고 해도 그 결과는 무엇일까? 당신이야 기분 좋겠지만 상대방은 열등감을 느낄 것이고 자존심에 상처를 입었을 것이며, 당신의 승리에 몹시 분개할 것이다. 인간이란 억지로는 절대로 설득되지 못하는 법이다.

벤 생명보험회사에서는 직원들에게 다음과 같은 방침으로 교육한다고 한다.

"논쟁하지 말라!"

참다운 능력은 논쟁을 잘하는 것에 있지 않다. 논쟁의 논자도 필요 없다. 사람의 마음이란 논쟁으로 바뀌지 않기 때문이다.

몇 해 전 내 강좌에 참가한 패트릭 오헤어는 정규교육을 받은 적은 거의 없었지만 논쟁을 무척 좋아하는 아일랜드 사람이었다. 한때는 운전기사였고, 지금은 트럭 세일즈맨인데 일이 잘 풀리지 않자 내 강좌에 참석한 것이었다.

그와 몇 마디 해보고 나는 그가 손님들과 끊임없이 논쟁을 벌여 기분을 상하게 하는 타입이라는 것을 알았다. 트럭을 사러 온 손님이 조금이라도 트집을 잡으면 곧 화를 내며 대들었고, 일단 논쟁이 붙으면 그는 반드시 이겨야만 하는 사람이었다. 저런 놈은 본때를 보여줘야 한다는 게 그의 입버릇이었고 그는 늘 본때를 보여주었다. 하지만 트럭은 한 대도 팔지 못했다.

내가 패트릭에게 처음 가르친 것은 대화법이 아니라 입 다물고 토론을 피하도록 훈련시키는 일이었다. 그는 내 교육을 받아들였고, 지금은 뉴욕의 화이트 자동차회사의 일류 세일즈맨으로 활약하고 있다. 어떻게 그렇게 되었을까? 그의 말을 그대로 옮겨보겠다.

요즘은 고객이 "화이트 트럭이라고? 그건 글러먹었어! 거저 줘도 싫소. 난 후지트 트럭을 살 거요."라고 말해도 나는 절대로 화내지 않고 이렇게 말합니다.

"후지트 트럭, 좋죠. 회사도 훌륭하고 판매하는 사람들도 모두 성실하고 믿을 수 있는 제품이죠."

그러면 상대방은 할 말이 없어집니다. 논쟁의 여지가 없게 되는 거죠. 자기 말에 동의하는 사람에게 같은 주장을 계속할 필요는 없으니까요. 물론 전 같았으면 벌써 열이 뻗쳐서 후지트 트럭의 결점을 들추어내면서 논쟁을 벌였겠죠. 하지만 돌이켜 생각해 보니, 논쟁을 할수록 상대방은 후지트 트럭을 감싸면서 그쪽 편을 들더라고요. 그러다가 나중에는 자기가 정말로 그 트럭을 좋아한다고 생각하게 되는 거죠.

지금 생각하면 그러고도 내가 트럭을 한 대라도 팔았다는 게 신기해요. 나 같은 판매원한테 누가 차를 샀을까 싶다니까요. 나는 그동안 토론과 말다툼으로 인생을 낭비했어요. 이제는 입을 꽉 다물고 지내요. 그러니까 일도 잘 풀리고 아주 잘 됩니다.

벤자민 프랭클린은 이런 말을 자주했다.

"따지고 반박하고 상대에게 상처를 주는 것으로 당신은 논쟁에서 이길 수도 있다. 하지만 그것은 공허한 승리다. 상대방의 호감은 절대로 얻지 못할 테니까."

자, 생각해 보자. 논쟁에서 통쾌한 승리를 거두는 것이 좋은가? 아니면 상대방의 호감을 얻는 것이 중요한가? 이 두 가지를 다 가지기는 어렵다. 보스톤의 〈트랜스 크립트〉지에는 언젠가 다음과 같은 의미심장한 풍자시가 실린 적이 있다.

여기 윌리엄 제이, 영원히 잠들다.
평생 자기만 옳다고 주장하던 사람이
옳지 못한 사람들과 같이 잠들다.

아무리 당신이 옳다고 해도 상대방의 마음을 바꾸지 못한다는 점에서는 당신이 옳지 않은 것과 조금도 다를 게 없다.

소득세 상담원으로 일하는 프레드릭 퍼슨즈는 9천 달러짜리 항목 때문에 정부의 세무서 감사원과 1시간 동안이나 논쟁을 하고 있었다. 퍼슨즈는 그 9천 달러는 사실상 떼인 돈이기 때문에 과세의 대상에서 제외되어야 한다고 주장하고 있었고, 세무서 감사원은 떼인 돈이든 아니든 그건 개인 사정이고 세금은 내야 한다고 계속 고집하고 있었다.
퍼슨즈는 그때의 이야기를 내 강좌에서 공개했다.

그 세무서 감사원은 냉정하고 거만하고 완고해서 내가 아무리 타당성 있는 이유와 사실을 열거해도 전혀 받아들이지 않았고,

논쟁을 할수록 더 고집불통이 되었습니다. 그래서 나는 논쟁을 그만두고 화제를 바꾸어 그를 칭찬해 주기로 마음먹었습니다.

"감사원님은 참 어려운 일을 하시는 것 같습니다. 이 문제야 사실 사소한 것이지만, 이보다 훨씬 더 중요하고 어려운 문제들을 늘 처리하실 테니 말입니다. 나도 장사를 하면서 세법 공부를 하고는 있지만 당신이 실제 경험을 통하여 갖고 있는 산지식에 비하면 겨우 토막지식에 불과하죠."

나는 이렇게 말했습니다. 물론 진심이었습니다. 그러자 감사관은 의자에 등을 기대고 편히 앉더니 자기 직업에 대해여 장광설을 늘어놓기 시작했습니다. 그리고 자기가 적발한 교묘한 탈세사건을 이야기하고 있는 동안 말씨도 점점 누그러지더니, 나중에는 자기 자녀들 얘기까지 했습니다.

그는 돌아가면서 그 문제에 대해서는 다시 검토해 보고 2~3일 안으로 회답해 주겠다고 말했습니다. 그리고 사흘 뒤에 그는 전화를 걸어 세금은 내가 신고한 대로 처리하기로 결정되었다고 알려 주었습니다.

이 감사원은 모든 인간들이 가장 보편적으로 지니고 있는 약점을 그대로 드러내 보여 주고 있다. 그가 원하는 것은 자기 중요감의 충족이었던 것이다. 퍼슨즈와 논쟁을 하고 있는 동안에 그는 권위를 휘두르는 것으로 자기 중요감을 충족시키고 있었다. 하지만 퍼슨즈가 자기의 능력을 인정하고 존중함으로써 자기 확대가 이루어지고 자기 중요감이 충족되자 그는 순식간에 이해성 있고 친절한 인간으로 변했던 것이다.

《나폴레옹의 사생활》을 쓴 나폴레옹의 집사 콘스탄트는 황후인 조세핀과 자주 당구를 쳤는데 그 일에 대해 이렇게 고백하고 있다.

"나의 당구 실력은 상당했지만 황후에게는 언제나 승리를 양보했다. 이것이 황후에게는 몹시 기뻤던 모양이다."

이 고백에는 귀중한 교훈이 담겨 있다. 우리도 고객이나 애인, 남편이나 아내와 말다툼을 하게 되었을 때 승리를 상대방에게 양보하는 것이 좋지 않을까!

석가모니는 이렇게 말했다.

"미움은 미움을 가지고는 절대로 사라지지 않고 사랑으로만 사라진다."

링컨은 툭하면 동료들과 언쟁을 벌이는 청년장교에게 이렇게 타일렀다.

"자기발전을 위해 노력하고 있는 사람에게는 논쟁 따위로 허비할 틈이 없는 법이야. 논쟁은 결국 불쾌감에 빠지거나 자제심을 잃는 것으로 끝나게 되지. 나에게 반쯤의 정당성밖에 없을 경우에는 상대방에게 양보하게. 내가 전적으로 옳은 경우라도 사소한 일에는 양보하게. 좁은 골목길에서 개를 만났을 때, 개와 싸우다가 물리는 것보다는 개에게 길을 양보해 주는 편이 현명하지 않겠나? 개를 죽인다 해도 물린 상처는 남을 테니까."

오페라 테너 가수인 얀 피어스는 자신의 결혼 생활에 대해 이렇게 말했다.

"우리는 오래전부터 한 사람이 소리를 지르면 다른 사람은 무조건 듣기로 약속했고 지금까지 그 약속을 지키고 있습니다. 두 사람 모두 고함을 지르게 되면 대화는 없어지고 단지 싸움과 분노만 남게 되니까요."

사람을 설득하는 비결 1

논쟁에서 이기는 유일한 방법은 논쟁을 피하는 것이다.

The only way to get the best of an argument is to avoid it.

---

2. 상대방의 잘못을 지적하지 마라

시어도어 루즈벨트 대통령은 자기 생각이 75% 정도 옳다면 더 바랄 것이 없다고 고백했다.

20세기의 가장 뛰어난 인물 가운데 한 사람이 이런 바람을 갖고 있었다면 우리 같은 보통 사람들은 어떠할 것인가? 자기 생각이 55%까지 옳다고 자신할 수 있는 사람이라면 월 스트리트에서 하루에 1백만 달러를 벌 수 있을 것이다. 이 55%에 이르는 확신도 없으면서 어떻게 다른 사람에게 틀렸다고 말하는가?

표정, 눈짓, 억양, 몸짓 등으로 상대방의 잘못을 지적한다 해도 그것은 말로 상대를 꾸짖는 것과 조금도 다르지 않다. 어떤 방식으로든 상대방의 잘못을 지적하면 상대방이 동의할까?

천만에! 왜냐하면 당신은 상대방의 지성과 판단력, 긍지와 자존심을 직접적으로 건드렸기 때문이다. 상대방은 당연히 반격할 것이고 당신이 플라톤이나 칸트의 논리를 모두 동원해서 아무리 논리적으로 설명해도 상대방의 의견은 절대로 변하지 않는다. 손상된 것은 논리가 아니라 감정이기 때문이다.

"그럼 내가 그 까닭을 설명하지."

이런 식의 전제는 절대 금물이다. 이 말은 '나는 너보다 현명하니까 내가 너를 깨우쳐 생각을 바꿔주겠다'라고 말하는 것과 다를 게 없기 때문이다. 그러므로 이렇게 말하는 것은 상대방의 반감을 불러일으켜 당신이 말을 꺼내기도 전에 싸우고 싶게 만드는 짓이다. 다른 사람의 생각을 바꾸는 것은 가장 호의적인 조건 속에서도 무척 어려운 일이다. 무엇 때문에 조건을 더 어렵게 만드는가? 왜 스스로 자신의 손발을 묶는가? 다른 사람을 설득하려면 상대방이 눈치 채지 않도록 아주 교묘하고 재치 있게 해야 한다. 이러한 교훈을 간단하게 요약한 사람들이 있다.

사람을 가르칠 때는 가르치지 않는 것처럼 가르치고, 새로운 사실을 제안할 때는 상대방이 잊던 것을 우연히 떠올리게 된 것처럼 제안하라. – 알렉산더 포프

우리는 남을 가르칠 수 없고, 그저 그가 스스로 발견하도록 도와줄 수 있을 뿐이다. – 갈릴레오

남보다 영리해져라. 하지만 그것을 남에게 알려서는 안 된다. – 체스터필드 경(이 말은 그가 아들에게 한 말이다)

나는 20년 전에 믿고 있던 것을 지금에 와서는 거의 전부 믿을 수 없게 되어버렸다. 아직까지 믿고 있는 것은 구구단 정도? 하지만 아인슈타인의 책을 읽고 나서는 구구단마저 의심스러워지기 시작했다. 앞으로 20년 정도 지나면, 나는 이 책에서 내가 말한 것도 믿지 않게 될지도 모른다. 현재의 나는 전과는 달리 만사에 확신을 가질 수 없게 되었다.

소크라테스는 제자들에게 늘 이렇게 말했다.

"내가 아는 것은 단 한 가지, 나는 아무것도 모른다는 사실이다."

내가 소크라테스보다 현명할 수는 절대로 없기 때문에 나는 다른 사람의 잘못을 지적하는 따위의 짓은 절대로 하지 않는다. 그리고 이것은 나에게 큰 도움이 되었다.

상대방에게 잘못이 있다고 생각될 때는, 아니 실제로 분명한 잘못인 경우에도 이런 식으로 말하는 것이 좋다.

"나는 그렇게 생각하지 않습니다만 어쩌면 내가 틀렸는지도 모르죠. 종종 그러니까요. 잘못이 있으면 고치도록 하겠습니다. 다시 한 번 잘 생각해 봅시다."

"잘못이 있으면 고치도록 하겠습니다. 다시 한 번 잘 생각해 봅시다."라는 말 속에는 마술적인 효력이 깃들어 있다. 이 말에 반대하는 사람은 어느 사회에도 없을 것이다. 그러니 이렇게 말해서 말썽이 일어날 염려는 절대로 없다. 오히려 상대방 역시 공정한 태도를 취해야겠다는 생각을 갖게 되어 자기가 잘못 생각하고 있는지도 모르겠다고 반성할 마음을 갖게 되는 것이다.

상대방의 잘못이 뚜렷할 경우, 그것을 노골적으로 지적하면 어떤 사태가 발생할까? 그 좋은 예를 하나 들어 보자.

뉴욕의 젊은 변호사 S씨는 미국 최고재판소에서 변론을 하고 있었다. 그 사건에는 거액의 돈과 중요한 법률문제가 걸려 있었다.

그가 변론을 하고 있는 도중에 판사가 끼어들었다.

"해사법의 법정기한은 6년이죠?"

S씨는 잠깐 판사의 얼굴을 노려보다가 퉁명스럽게 대꾸했다.

"판사님, 해사법에는 법정기한이 없습니다."

그 순간 법정 안은 물을 끼얹은 듯이 조용해지고 싸늘한 냉기가 흘렀다.

S씨는 그때의 상황을 이렇게 말했다.

나는 판사가 잘못 알고 있는 것을 바르게 고쳐주었을 뿐입니다. 하지만 판사는 그것을 고마워했을까요? 그렇지 않더군요. 나는 지금도 그 사건에 관한 나의 견해가 옳았다고 믿습니다. 그리고 그때는 변론도 평소보다 훨씬 더 잘했다고 생각합니다. 하지만 결과적으로 나는 판사를 설득하지 못했습니다. 대단히 학식 높고 저명한 판사의 잘못을 지적하여 창피를 주는 실수를 저질렀기 때문이었습니다.

논리적인 사람은 그렇게 흔치 않다. 대부분의 사람들은 편견을 가지고 있으며 선입관, 질투, 시기심, 공포심, 원망, 자만심 등으로 판단을 흐린다. 그리고 자기의 신념, 종교, 하다못해 머리를 손질하는 방법까지도 여간해서는 바꾸려 하지 않는다. 그런데도 여전히 다른 사람의 잘못을 지적하고 싶거든 다음 글을 읽어주기 바란다. 제임스 하비 로빈슨 교수의 명저《정신의 발달과정》속에 나오는 글이다.

평소에 우리는 별다른 저항감 없이 자기 생각을 이랬다저랬다 쉽게 바꾼다. 그러면서도 다른 사람이 우리의 생각이 잘못되었다고 지적하면 화를 내며 고집을 부린다. 우리는 신념을 형성하는 데 있어서는 놀라울 정도로 경솔하지만, 다른 사람이 우리의 신념을 바꾸게 하려고 하면 그것이 사소한 신념일지라도 한사코 집착하며 반대한다. 중요한 것은 신념 그 자체가 아니라 다른 사람에게서 도전받은 우리의 자존심인 것이다.

'나의'라는 말은 개인적으로 세상에서 가장 중요한 말이다. 그러므로 이 낱말을 잘 생각해보는 것이 지혜의 시작이라 할 수 있다. 나의 식사, 나의 개, 나의 집, 나의 아버지, 나의 조국, 나의 하나님 등, 이 말 뒤에 어떤 낱말이 붙든 '나의'라는 낱말에는 강한 뜻이 깃들어 있다.

우리는 자기 것에 대해, 그것이 시계든 자동차든, 혹은 천문,

지리, 역사, 의학 등의 지식이든, 누가 헐뜯으면 몹시 화를 낸다. 우리는 습관적으로 진실이라고 믿던 것 또한 언제까지나 그대로 믿고 싶어 하기 때문에 그 신념을 뒤흔들 만한 것이 나타나면 분개하면서 무슨 구실이든 찾아내어 그 신념을 지키려고 기를 쓴다. 결국 논쟁이라는 것은 대개의 경우, 자신의 신념을 고집하기 위한 논거를 찾아내려는 노력인 것이다.

저명한 심리학자인 카알 로저스는 《인간이 되는 길》이라는 저서에서 이렇게 썼다.

나는 스스로에게 다른 사람을 이해하도록 허락하는 것이 매우 중요한 가치가 있다는 사실을 발견했다. 다른 사람을 이해하기 위해서 스스로를 허락한다는 말이 이상하게 들릴지도 모른다. 하지만 나는 그렇게 해야 한다고 생각한다.

우리가 다른 사람들이 하는 말을 듣고 가장 먼저 취하는 반응은 평가하거나 판단을 내리는 것이다. 옳다, 어리석다, 비정상적이다, 이치에 맞지 않다, 틀렸다, 좋다, 나쁘다 등으로 생각하는 경향이 있는 것이다. 그 말이 상대방에게 어떤 의미를 갖는지 이해하려고는 생각하지도 않고 말이다.

어느 날 나는 집에 커튼을 달기 위해 실내장식업자를 불렀다. 그런데 일이 끝나고 청구서를 받고는 놀라서 숨이 턱 막힐 지경이었다.

며칠 뒤에 우리 집에 온 친구가 새로 단 커튼을 보고 가격을 묻더니 깜짝 놀라 외쳤다.

"뭐라고? 세상에! 이건 완전 바가지잖아? 그런데 바보처럼 그걸 다 줬다고?"

사실 맞는 말이었다. 나도 그렇게 생각했었으니까. 하지만 자기의 어리석음을 폭로하는 말에 귀를 기울이는 인간은 별로 없는 법이다. 나 역시 기를 쓰고 변명했다. 싼 게 비지떡이고, 좋은 물건은 결국 제값을 하게 마련이며, 예술적 감각이 뛰어나다는 식으로 말이다.

하지만 다음날 다른 친구가 와서 새로 단 커튼이 아주 마음에 든다면서 자기도 이 커튼으로 바꿔야겠다고 말했을 때, 이 말에 대한 나의 반응은 전날과는 전혀 다른 것이었다.

"솔직히 이건 너무 비싸. 완전 바가지 쓴 것 같아서 기분이 영 찜찜하더라고. 주문하기 전에 가격을 먼저 알아봤어야 하는 건데 정말 바보짓을 했어."

자기 잘못을 스스로 인정하는 일이 그렇게 어려운 일은 아니다. 흔히 우리는 그렇게 한다. 다른 사람이 지적했을 경우에도 상대방이 부드럽고 교묘하게 지적하면 솔직히 인정하고, 가끔은 자기의 솔직함과 너그러움에 뿌듯함을 느끼기도 한다. 하지만 상대방이 공격적으로 우리의 잘못을 지적하면 우리는 절대로 그렇게 할 수가 없게 된다.

사람을 잘 다루는 방법과 자신의 인격을 수양하는 방법을 알고 싶다면 벤자민 프랭클린의 자서전을 읽어보길 권한다. 그 어떤 글보다도 매혹적인 그의 인생 이야기는 한 번 읽기 시작하면 끝까지 절대로 손에서 놓을 수 없는 미국 문학의 고전이다.

그는 따지기 좋아하는 나쁜 버릇을 어떻게 극복하고, 미국 역사상 가장 유능하고 온화하고 사교적인 사람이 되었을까?

혈기왕성하던 청년시절에 벤자민 프랭클린은 퀘이커 교도인 친구에게서 호된 설교를 들었다.

"벤, 자넨 틀렸어. 자네가 자네와 의견이 다른 사람한테 말하는 것을 보면 마치 뺨을 때리고 있는 것 같다고. 그런 걸 좋아할 사람이 세상에 어디 있겠나? 그러니 아무도 자네 의견을 들으려고 하지 않는 거야. 자네가 없는 편이 친구들에게는 훨씬 즐거운 거지. 자네는 자네가 세상에서 가장 유식하다고 생각하나본데 바로 그래서 아무도 자네에게 말을 걸지 않는 거라고. 자네와 얘기를 하면 불쾌해지거든. 그러니 자네의 지식은 현재의 그 보잘것없는 지식 이상으로는 절대로 발전할 수 없겠지."

이처럼 심한 비난을 듣고 벤자민 프랭클린은 친구의 말이 옳다고 솔직히 인정하고 받아들였다. 그는 그런 격렬한 비난을 듣고도 그 말이 사실이라는 것을 깨달을 만큼 위대하고 지혜로운 사람이었다. 그는 당장 지금까지의 거만하고 독선적이고 냉혹하던 태도를 바꾸기로 결심했다. 이에 대해 그는 다음과 같이 썼다.

나는 다른 사람의 의견에 정면으로 반대하거나 내 의견을 단정적으로 주장하지 않기로 결심했다. '틀림없이', '분명히' 등의 단정적인 표현 대신 '내 생각에는', '내가 보기에는', '~같습니다' 등의 유보적인 표현을 쓰기로 했다. 그리고 상대방이 분명하게 틀린 주장을 하고 있어도 당장 그 잘못을 지적하지 않고, '그 말이 옳을지도 모르지만 내 생각은 조금 다릅니다' 하는 식으로 말하기로 했다. 그리고 얼마 지나지 않아서 나는 이런 식으로 말하는 것이 무척 이익이라는 것을 알게 되었다.

우선 다른 사람과 대화하는 것이 지금까지보다 훨씬 즐거워졌다. 내가 의견을 소극적으로 말하자 오히려 상대방은 더욱 적극적으로 반응했으며 반대하는 사람도 적어졌다. 그리고 내 잘못을 시인하는 것이 그다지 어렵지 않게 되었고, 상대방 역시 잘못을 쉽게 돌이키게 되었다.

처음에는 내 성질을 억제하기가 몹시 힘들었지만 시간이 얼마쯤 지나 그런 태도에 익숙해지자 곧 습관이 되어버렸다. 아마 지난 50년 동안에 내가 독단적인 말을 하는 것을 들은 사람은 한 사람도 없을 것이다.

내가 새로운 제도의 신설이나 개정안을 제안하면 곧 모두가 찬성해 준 것도, 내가 시의회 의원이 되어 시의회를 움직일 수 있었던 것도. 원래 말재주도 없고 지독한 눌변에다 어휘의 선택도 잘 못하는 편인데도 대부분의 경우 내 주장을 관철시킬 수 있었던 것도 다 이런 태도 덕분이라고 생각한다.

벤자민 프랭클린의 이런 방법을 사업에도 적용할 수 있을까?

뉴욕시 리버티 가에서 특수 기계장치를 판매하고 있는 F. J. 마하니 씨의 이야기를 들어보자.

나는 롱아일랜드의 중요한 거래처에 청사진을 제시하고 주문을 받아 기계 제작에 착수했습니다. 그런데 며칠 뒤에 뜻밖에도 거래처 사장이 전화를 걸어 주문을 취소하겠다는 거예요. 자기 친구가 이 기계장치의 큰 결함을 알려주었다면서 말이죠. 그의 친구가 기계장치가 엉터리라고 말하면서 폭이 너무 넓고 길이는 너무 짧다느니 헐뜯자, 거래처 사장은 자기가 속았다고 생각하게 된 것이었죠.

나는 그 제품을 세밀하게 다시 살펴보고 아무 문제가 없다는 사실을 확인했습니다. 거래처 사장과 그 친구의 주장은 전혀 이치에 닿지 않는 것이었지만 그렇다고 그것을 지적해 버리면 그것으로 끝이라고 생각했습니다. 그래서 나는 곧바로 롱아일랜드로 가서 그를 만났습니다.

내가 그의 사무실에 들어서자마자 그는 작정을 하고 기다리고 있었는지 몹시 화를 내며 나를 마구 몰아세웠습니다. 내 멱살이라도 잡으러 덤벼들 것 같은 기세로 말이죠. 한동안 비난을 쏟아내고 나서 그가 말했습니다.

"이제 어떻게 할 생각이오?"

나는 최대한 차분한 목소리로 부드럽게 대답했습니다.

"사장님은 돈을 지불하는 입장이니 당연히 원하는 물건을 구입할 권리가 있습니다. 사장님이 원하는 다른 설계도를 주시면 지금까지 들어간 2천 달러의 비용은 제가 부담하겠습니다. 하지만 사장님이 주신 설계도로 다시 제작했을 경우에는, 그것으로 야기되는 문제에 대한 책임은 당연히 사장님이 지셔야 합니다. 그리고 제 설계대로, 물론 저는 그것이 옳다고 확신합니다만, 계속 제작하게 해 주신다면 어떤 문제가 생기든 그 책임은 제가 지겠습니다."

그러자 어느 정도 흥분이 가라앉아 내 말을 듣고 있던 거래처 사장이 이렇게 대답했습니다.

"좋아요. 그럼 당신 설계대로 계속 제작하세요. 하지만 만약 제작한 기계에 문제가 있으면 모든 책임을 당신이 지는 겁니다."

결국 내가 설계한 기계장치에는 아무 문제가 없었습니다. 그래서 그는 똑같은 장치를 두 대나 더 주문했고요.

내가 그때 받은 모욕을 생각하면 지금도 괴로울 정도지만 참은 것만큼 소득은 있었습니다. 만일 그때 내가 상대방과 언쟁을 했다면 어떻게 되었을까요? 소송을 하게 되었을지도 모르고, 불쾌한 감정 때문에 한동안 괴로움을 겪었을 겁니다. 결과적으로 손해는 손해대로 보고 중요한 고객도 잃어버렸겠죠.

나는 어떠한 경우에도 상대방의 잘못을 지적하는 것은 바보짓이라고 확신합니다.

또 한 가지 예를 들어 보자. 이런 일은 세상에 얼마든지 있다.

뉴욕의 가드너 테일러 목재회사의 세일즈맨 R. V. 크롤리는 여러 해 동안 거래처의 완고한 목재검사원들과 논쟁을 벌여 꼼짝 못하게 눌러버리곤 했다. 하지만 그 결과는 늘 좋지 않았다. 논쟁에서 이기든 지든 목재검사원들은 야구심판처럼 일단 판정을 내리면 절대로 번복하지 않았던 것이다. 그는 논쟁에서는 늘 이겼지만, 그 때문에 회사는 수천 달러의 손해를 입었다. 그래서 그는 내 강좌에 참가한 다음부터는 절대로 논쟁을 하지 않겠다고 결심했다.

결과는 어땠을까? 강좌에서 밝힌 그의 체험담을 들어 보자.

어느 날 아침, 사무실 전화벨이 요란하게 울렸습니다. 거래처 공장에서 온 전화였는데, 우리가 실어 보낸 목재가 도저히 인수할 수 없을 정도로 품질이 나빠서 지금 짐을 내리다가 중단하고 있으니 빨리 와서 도로 가져가라는 것이었습니다. 4분 1정도 내렸을 때 그 공장 검사관이 55% 이상이 불합격품이라고 보고하는 바람에 그런 상황이 벌어졌다는 것이었습니다.

나는 곧 그 공장으로 차를 몰고 가면서 가장 적절한 조치가 무엇일지 생각해 보았습니다. 평소 같았으면 생각이고 뭐고 내가 가진 모든 경험과 지식을 총동원해서 우리가 보낸 목재에 아무런 문제가 없다는 것을 설득하고 검사원의 잘못을 지적했을 것입니다. 하지만 이번에는 이 강좌에서 배운 원칙을 응용해 보기로 했습니다.

내가 공장에 도착하자 그 공장 사람들은 이미 얼마든지 싸울 준비가 되어 있었습니다. 나는 그들에게 일단 목재를 전부 내려서 지금까지 하던 대로 합격품과 불합격품을 선별해 달라고 검사관에게 부탁했습니다.

검사관이 선별하고 있는 것을 한동안 바라보고 있는 동안 나는 그가 너무 엄격한 판별기준을 따르고 있다는 사실을 알았습니다. 문제의 목재는 백송이었는데 그는 떡갈나무처럼 단단한 목재에 한정된 기준을 적용하고 있었던 것입니다. 나는 백송 전문이었기 때문에 그 차이를 정확하게 알고 있었습니다.

하지만 나는 그의 검사 기준에 대해서 이의를 제기하지 않고 한동안 잠자코 보고 있다가 불합격의 이유를 물었습니다. 앞으로 어떤 목재를 보내면 좋을지 알고 싶어서라고 말이죠.

상대방의 주장을 그대로 받아들이고 내가 협조적이고 친절한 태도로 묻자, 그들의 기분은 한결 누그러져 험악한 분위기도 사라졌습니다. 나의 신중한 질문이 상대방에게 반성의 계기가 된 것이었습니다. 그들은 자기네가 불합격품이라고 내놓은 목재들이 자기네가 주문한 대로의 품질이며, 오히려 주문한 등급 이상의 기준을 적용하고 있는지도 모른다고 생각하기 시작한 것 같았습니다. 그게 바로 내가 말하고 싶었던 점이었지만 전혀 그런 눈치를 보이지는 않았습니다.

시간이 흐를수록 그의 태도는 눈에 띄게 달라졌습니다. 드디어 그는 나에게 사실 자기는 백송에 대해서는 별로 경험이 없다고 말하고 나서 목재 하나하나에 대해 질문하기 시작했습니다. 나는 그 목재들이 지정된 등급에 합격한 물건이라고 주장하고 싶은 것을 꾹 참고 백송의 품질 기준에 대해 자세히 설명해주었습니다. 그리고 나서도 마음에 안 드는 것은 모두 기꺼이 인수해 가겠다고 말했습니다.

이제 그는 불합격품을 낼 때마다 양심의 가책을 느끼는 모양이었습니다. 마침내 그는 혹시 자기들이 잘못 알고 있는지도 모르니 다시 한 번 자세히 검사를 해보고 결과를 알려주겠다고 하면서 애초에 품질 심사 기준을 제대로 명시하지 않은 자기측에도 실수가 있다고 말했습니다.

결국 그는 목재를 모두 구입하겠다는 통지와 함께 대금 전액을 수표로 보내왔습니다.

상대방의 잘못을 지적하지 않는 마음가짐으로 약간 배려했을 뿐인데 150달러의 이익을 올리고 돈으로 가치를 따질 수 없는 호감까지도 얻었던 것입니다.

이 장에서 설명한 것은 결코 새로운 것이 아니다. 1900년 전에 이미 예수는 '너의 적과 빨리 화해하라'고 가르쳤고, 서기 2200년 전, 이집트 왕 아크토는 그의 왕자에게 '사람을 설득하려면 외교적이어야 한다'고 가르쳤다.

상대방이 누구든 논쟁을 하는 것으로는 아무것도 얻지 못한다.

상대가 고객이든 배우자든 적이든 논쟁하지 마라. 그들의 생각이 틀렸다는 말로 그들을 화나게 하지 말고 조금만 더 사교적인 사람이 되려고 노력해 보라.

사람을 설득하는 비결 2

상대방의 의견을 존중하라.

절대로 "틀렸다"고 말하지 마라.

Show respect for the other person's opinions.

Never say, "you're wrong."

---

3. 잘못을 인정하라

나는 지도상으로 뉴욕의 중심부에 살고 있다. 그런데 우리 집 가까이에는 원시림이 있다. 정말 놀랍지 않은가? 이 숲속에는 봄철이 되면 작은 딸기나무들이 온통 하얀 꽃을 피우고, 다람쥐들이 집을 짓고 새끼를 키우며, 말의 키만큼이나 키 큰 잡초들이 무성하게 자란다.

이 자연 그대로의 수풀 지대는 '숲의 공원'이라고 불리는데, 겉으로 보기에는 아마도 콜럼버스가 신대륙을 발견했을 때와 비교해도 별로 달라진 데가 없을 것 같았다.

나는 작은 보스턴 불독 강아지인 렉스를 데리고 이 공원으로 자주 산책을 나간다. 렉스는 사람을 잘 따르는 온순한 개이기 때문에 물거나 하는 일은 절대로 없고, 게다가 이 공원에서는 여간해서 사람을 만나는 일도 없기 때문에 나는 목줄도 입마개도 하지 않고 렉스를 데리고 다녔다.

그러던 어느 날 공원에서 숲을 돌아다니며 살펴보고 있던 기마 경찰관과 마주쳤다. 그는 자기의 권위를 주장하고 싶어서 몸이 근질근질했는지 나를 보자마자 큰소리로 꾸짖었다.

"공원에서 개를 입마개도 씌우지 않고 목줄도 없이 데리고 다니면 어떻게 합니까? 법률에 위반된다는 사실을 모릅니까?"

"네, 잘 알고 있습니다. 하지만 얘는 아주 온순해서 괜찮을 것 같아서⋯⋯"

나는 부드럽게 대답했다. 하지만 그는 내 대답이 다 끝나기도 전에 말을 가로챘다.

"괜찮을 것 같다고요! 괜찮을 것 같아서 그랬다는 게 말이 됩니까? 당신이 그렇게 생각한다고 해서 법률이 바뀌는 것은 아니란 말이오. 아무리 온순한 개라도 성질 나면 어린아이나 다람쥐를 물지도 모르잖소? 오늘은 처음이니 봐주겠소. 하지만 다음에 또 이런 일이 있으면 재판소로 끌고 가겠소."

나는 앞으로는 조심하겠다고 순순히 약속했다. 그리고 한동안 나는 약속을 지키려고 애썼다. 하지만 며칠이 지나자 렉스가 입마개를 싫어하고 나도 억지로 씌워 주고 싶지는 않았기 때문에, 들켜도 할 수 없지 하는 안이한 마음으로 다시 입마개와 목줄 없이 공원을 산책하기 시작했다.

한동안은 아무 일 없이 지나갔다. 하지만 드디어 올 것이 오고야 말았다. 나와 렉스가 비탈길을 뛰어올라 갔는데 바로 거기에 준엄한 법의 수호자가 밤색 말을 타고 나타난 것이다. 나는 순간 당황해서 멈춰 섰지만 아무것도 모르는 렉스는 반갑다는 듯 곧장 경관 쪽으로 달려갔다.

일이 귀찮아지게 생겼다고 생각하면서 나는 얼른 선수를 쳤다.

"드디어 현행범이 되고 말았군요. 미안합니다. 변명의 여지가 없네요. 다시 이런 일이 있으면 재판소에 끌고 가겠다는 주의를 지난주에 이미 받았으니까요."

그러자 뜻밖에도 경관은 부드럽게 말했다.

"그랬죠. 하지만 이렇게 사람이 드문 숲속에서는, 더구나 이렇게 작은 개라면 마음껏 뛰어 놀게 풀어주고 싶어지는 것이 사람 마음이겠지요."

"그건 사실입니다. 하지만 법은 법이니까요."

"이렇게 조그만 개가 누구를 물기야 하겠습니까?"

경관이 오히려 반대의견을 말했다.

"하지만…… 다람쥐를 물지도 모르죠."

"뭐, 그렇게까지 생각할 거야 있을라고요. 자, 그럼 이렇게 합시다. 저는 못 본 걸로 할 테니 언덕 저쪽에 가서 놔 주시는 겁니다. 그러면 만사가 해결입니다."

경찰관도 인간이다. 그 역시 자기 중요감을 만족시키고 싶었던 것이다. 내가 나의 죄를 인정하자, 그가 자부심을 만족시킬 수 있는 유일한 방법은 나를 용서해서 아량 있는 태도를 보여 주는 것밖에 없었다. 하지만 만약 그때 내가 변명을 하려고 했다면 어떻게 되었겠는가? 경관과 논쟁을 벌이면 어떻게 되는지는 당신도 잘 알고 있을 것이다.

경찰과 논쟁을 벌이는 대신, 나는 상대방이 절대적으로 정당하고 내가 절대적으로 잘못했다고 즉석에서 솔직하게, 진심으로 시인했다. 그러자 서로 양보하기 시작하여, 나는 상대방의 입장에서, 그리고 상대방은 내 처지에서 말을 주고받는 동안에 원만하게 해결된 것이었다. 앞서는 법률의 권위로 나를 위협하던 바로 그 경관이 1주일 후에 보여 준 부드러운 태도에는 누구나 놀라지 않을 수 없을 것이다.

자기의 잘못을 스스로 깨달았다면 상대방에게 공격을 당하기 전에 스스로 자신을 공격하는 편이 훨씬 유쾌하다. 다른 사람의 비난을 받는 것보다 스스로 자신을 비판하는 편이 한결 마음 편한 법이다. 자기에게 잘못이 있다는 것을 알았다면 상대방이 할 말을 이쪽에서 앞질러 하라. 그러면 상대방은 할 말이 없어진다. 그래서 대개 상대방은 관대하게 잘못을 용서하는 태도를 취하게 된다. 나와 렉스를 용서해 준 기마경찰관처럼.

상업미술가인 페르디난드 E. 워렌도 이 방법을 사용하여 까다로운 고객의 호의를 얻었다. 광고나 출판용 그림은 아주 정밀하고 정확하게 만드는 것이 무엇보다도 중요하다고 전제하면서 그는 자기가 경험한 일을 들려주었다.

미술편집자 중에는 습관적으로 독촉이 심한 사람들이 있습니다. 이런 경우에는 아무래도 사소한 실수가 일어나기 쉽죠. 게다가 그런 사람들은 대부분 아주 까다롭습니다. 그 중에서도 유난히 실수를 잘 발견하고, 사소한 실수라도 절대로 그냥 넘어가는 법이 없는 미술감독이 있었는데, 그를 만나고 나면 거의 언제나 불쾌한 기분이 남는 사람이었습니다. 그의 비난 때문이 아니라 비난하는 방법 때문이었죠.

얼마 전에도 급하게 해달라고 주문한 일을 마감 시간에 맞춰서 그에게 보낸 일이 있었습니다. 곧바로 그에게서 전화가 왔습니다. 잘못된 것이 있으니 당장 사무실로 오라는 거였어요. 내가 도착하자마자 그는 일을 어떻게 이런 식으로 했느냐면서 아주 신랄한 어조로 마구 혹평을 퍼붓는 것이었습니다. 나는 그곳으로 달려가는 동안 이 강좌에서 배운 자기비판법을 활용해 보기로 마음먹고 있었기 때문에 당황하지 않고 이렇게 말했습니다.

"감독님 말씀이 맞습니다. 전적으로 제가 잘못한 것이니 변명은 하지 않겠습니다. 그렇게 오랫동안 감독님 일을 했는데도 아직도 이렇게 서툰 제 자신이 정말 부끄럽습니다."

그러자 그는 깜짝 놀라며 말투를 누그러뜨렸습니다.

"아, 뭐, 그렇지만 그렇게 큰 잘못은 아니고, 단지……"

나는 곧 말을 가로챘습니다.

"아무리 작은 실수라도 작품에는 치명적일 수 있죠. 압니다. 정말 짜증나셨을 겁니다."

그가 다시 무슨 말을 하려고 했지만 나는 내 말을 계속했습니다. 속으로 나는 정말 기분이 좋았습니다. 잘못했다고 말하고 있었는데도 굉장히 신났거든요.

"제가 좀 더 신중하게 일했어야 했는데 정말 죄송하게 됐습니다. 그동안 감독님이 저에게 일거리를 많이 주셨으니 당연히 최고의 작품을 만들어 드려야죠. 이 그림은 다시 그리겠습니다."

그러자 그가 손사래를 치며 급히 말했습니다.

"아니, 그럴 것까진 없어요."

그러고는 갑자기 내 그림을 칭찬하면서 아주 사소한 실수니까 마음 상하지 말라면서 조금만 수정해 주면 된다고 말하는 것이었습니다.

내가 솔직하게 잘못을 인정하자 일은 아주 쉽게 해결되었습니다. 까다롭기로 유명한 미술감독은 나에게 점심을 사주고 헤어질 때는 그림값과 함께 또 다른 일거리를 주었습니다.

자기 잘못을 인정하는 용기는 어려운 문제를 해결하는 데도 도움이 되지만, 스스로에게도 어느 정도의 만족감을 느끼게 한다. 스스로 고결해진 것 같고 자신의 가치가 올라간 것 같은 느낌이 드는 것이다. 예를 들어 남북전쟁 당시 남군 총사령관 로버트 리 장군에 대한 역사적 기록 가운데 가장 빛나는 미담은, 게티즈버그 전투에서 부하인 조지 피케트 장군의 돌격 작전 실패의 책임을 자신에게 돌린 이야기이다.

피케트 장군의 돌격 작전은 서구 전투사상에서 그 유례를 볼 수 없을 만큼 찬란한 것이었다. 활달하고 멋진 군인이었던 피케트 장군은 적갈색 머리를 어깨까지 길게 늘어뜨리고 전투를 지휘했으며, 이탈리아 전선에서의 나폴레옹처럼 거의 매일 전쟁터에서 열렬한 연애편지를 썼다.

운명의 그날 오후, 그가 모자를 비스듬히 쓰고 크게 소리를 지르며 말을 달려 적진으로 진격하자, 그를 믿고 존경하는 부하들은 환호성을 지르며 그를 따라 진격했다.

깃발이 바람에 휘날리고 총검이 햇빛에 번쩍이며 빛을 발했다. 그들이 진격하는 광경은 실로 당당하고 용감하고 장엄하고 아름답기까지 했다. 그 광경이 얼마나 멋졌는지 그 모습을 지켜보고 있던 적진에서도 탄성이 일어날 지경이었다.

피케트 장군의 돌격대는 쏟아지는 탄환에도 아랑곳하지 않고 과수원과 옥수수밭, 목장과 계곡을 지나 물밀듯이 진격해갔다.

그런데 그들이 세메터리 리지에 도착했을 때, 갑자기 돌담 뒤에 잠복하고 있던 북군의 보병부대가 맹렬한 사격을 퍼부었다. 세메터리 리지 언덕은 화산이 폭발한 것처럼 순식간에 불바다가 되었고, 불과 몇 분 만에 피케트 휘하의 지휘관 중 살아남은 사람은 단지 하나뿐이었고, 5천 명의 병력 중 5분의 4가 전사했다.

그런데도 루이스 어미스테드 장군은 살아남은 병사들을 이끌고 최후의 돌격을 감행했다. 돌담을 뛰어넘어 검 끝에 모자를 꽂아 흔들면서 "돌격하라! 돌격하라!"하고 외쳤다.

그렇게 치열하고 대대적인 혼전을 벌인 끝에 남군은 드디어 남군의 깃발을 세메터리 리지에 꽂았다. 그것은 아주 잠깐 동안의 승리일 뿐이었지만 남군에게는 절정의 시간이었다.

피케트 장군의 돌격 작전은 장렬하고 영웅적인 것이었지만 사실은 남군의 종말을 알리는 시작이었다. 리 장군은 실패했고, 자신도 이를 잘 알고 있었다.

그것으로 남군의 운명은 결정되었다.

깊은 슬픔과 충격으로 완전히 절망한 리 장군은 남부동맹의 의장인 제퍼슨 데이비스에게 사표를 제출하고, 더 젊고 유능한 인물을 임명해 줄 것을 요청했다.

만일 리 장군이 피케트 돌격작전의 실패의 책임을 다른 사람에게 전가시키려고만 했다면 얼마든지 변명의 여지는 있었다. 사실 작전 실패의 원인은 몇몇 지휘관들의 탓이 컸고, 돌격대를 지원할 기병대도 제시간에 도착하지 못했던 것이다.

하지만 고결한 성품의 리 장군은 책임을 남에게 전가하지 않았다. 피케트 돌격대의 패잔병들을 맞이하려고 전선으로 달려간 리 장군은 병사들에게 이렇게 사과했다.

"모든 것은 내 잘못이다. 전투에 패한 책임은 오직 나 한 사람에게 있다."

이렇게 말할 수 있는 용기와 인격을 지닌 장군은 동서양의 역사를 다 뒤져도 그리 많지 않다.

앨버트 하버드는 미국을 열광하게 만든 가장 독창적인 작가지만, 신랄한 문체 때문에 늘 격렬한 비난을 샀던 작가이기도 했다. 하지만 그는 사람을 다루는 일에 있어서 보기 드문 고수로서, 적을 친구로 만드는 재간이 뛰어난 인물이었다.

예를 들어, 그의 글을 읽고 몹시 화가 난 독자에게서 어떤 문제에 대해 심하게 항의하는 편지를 받았을 때 그는 다음과 같은 답장을 보냈다.

사실은 지금 저 자신도 그 문제에 대하여 의문을 느끼고 있습니다. 어제 제가 쓴 글이라고 해도 오늘 다시 읽어보면 만족스럽지 못한 경우가 많으니까요. 이 부분에 대해 귀하가 보낸 주신 의견을 읽고 저는 정말 기뻤습니다. 언제 저의 집 근처를 지나실 기회가 있으시면 부디 한 번 들러서 저와 함께 이 문제에 대해 철저히 검토해 봅시다. 서로 멀리 떨어져 있지만 힘찬 악수를 보냅니다.

앨버트 하버드 드림

아무리 화가 난 사람이라도 상대방이 이런 식으로 말하면 할 말이 없어지게 마련이다.

내가 옳을 때는 그 생각을 부드럽고 재치 있는 방법으로 상대방에게 전하고, 내가 잘못했거나 잘못 생각했을 때는-잘 생각해 보면 내가 잘못 생각했을 때가 의외로 많다는 것을 알게 된다-

그 실수를 빨리 그리고 기꺼이 솔직하게 인정하자. 그렇게 하면 생각지도 못한 놀라운 결과를 가져온다는 것을 알게 될 것이다. 게다가 이런 방법은 구차한 변명을 하면서 자기방어를 하느라 애쓰는 것보다 훨씬 재미있다.

다음의 격언을 명심하라.

"싸움을 해서 얻을 수 있는 것은 별로 없다. 하지만 양보하면 기대 이상의 것을 얻을 수 있다."

사람을 설득하는 비결 3

당신이 틀렸다면 즉시 단호하게 잘못을 인정하라.

If you are wrong, admit it quickly and emphatically.

---

4. 부드럽게 말해라

화가 났을 때 상대방에게 하고 싶은 말을 마음껏 다 하고 나면 속이 시원해진다. 하지만 상대방은 어떨까? 그 사람도 당신처럼 속이 시원할까? 당신이 원하는 대로 움직일 기분이 들까?

우드로 윌슨 대통령은 다음과 같이 말했다.

"당신이 주먹을 쥐고 나에게 덤빈다면 나도 지지 않고 주먹을 쥘 것이다. 하지만 당신이 '서로 잘 의논해 보고 의견에 차이가 있으면 그 이유와 문제점을 검토해 봅시다'라고 조용히 말하면, 우리는 결국 의외로 의견 차이가 그다지 크지 않다는 사실을 알게 될 것이다. 서로 인내와 솔직함과 선의를 가지면 모든 문제는 쉽게 해결되는 법이다."

윌슨 대통령의 이 말을 누구보다도 잘 이해하고 있던 사람은 존 록펠러 2세였다.

1915년 당시, 록펠러는 콜로라도 주의 민중들로부터 엄청난 미움을 받고 있었다. 콜로라도 주에서는 미국의 산업 역사상 가장 끔찍한 파업 사태가 2년 동안이나 계속되고 있었고, 록펠러가 소유하고 있는 콜로라도 석유와 강철 회사에서는 성난 광부들과 노동자들이 임금인상을 요구하며 극도로 격분하고 있었던 것이다. 회사 기물들이 파괴되고 군대까지 동원되었다. 파업하며 시위하던 노동자들이 총에 맞아 쓰러지는 유혈사태가 벌어졌다.

이처럼 극도로 격화된 대립 속에서 록펠러는 어떻게든 상대방들을 설득해야겠다고 생각했고, 결국 성공했다. 어떻게 그럴 수 있었을까?

록펠러는 몇 주 동안 화해공작을 편 뒤에 파업 노동자 대표들을 모아 놓고 연설을 했다. 그때의 연설은 처음부터 끝까지 조금도 나무랄 데가 없는 완벽한 것이었고 그 성과 또한 정말 놀라운 것이었다. 자신을 둘러싸고 소용돌이치던 어마어마한 증오의 파도를 진정시켰을 뿐만 아니라 심지어 그를 추종하는 세력까지 얻었던 것이다. 록펠러의 연설을 들은 노동자 대표들은 그처럼 강력히 주장해 오던 임금인상에 대해서조차 더 말하지 않고 각자의 일자리로 돌아갔다.

그때 록펠러가 한 연설을 조금 인용해 보겠다. 그것이 얼마나 우정에 넘쳐 있는지 잘 생각해 보기 바란다. 그리고 이 연설이 당장이라도 록펠러 자신의 목을 매달고 싶어 하는 분노한 무리들을 상대로 한 연설이라는 것도 기억해주기 바란다.

록펠러는 몹시 우호적이고 부드러운 말투로 연설을 시작했다. 어떤 자선단체나 좋아하는 사람들에게 말한다 해도 이렇게까지 온건할 수 있을까 싶을 정도였다. '자랑스럽다' '여러분의 가정' '가족을 만났다' '남이 아니라 친구로서' '우리 서로의 우정' '우리 공통의 이해' '여러분 덕택' 등의 말들이 그의 연설을 장식하고 있었다.

오늘은 제 평생 가장 특별한 날입니다. 이 훌륭한 회사의 근로자 대표들과 임직원 여러분을 뵐 수 있는 기회를 얻은 것은 오늘이 처음이라서 저는 이 자리에 서게 된 것이 무척 자랑스럽고 영광스럽습니다. 오늘의 이 만남은 영원히 제 기억에 남을 것입니다. 만일 이 모임을 2주일 전에 가졌더라면 저는 분명히 몇 분들을 제외한 대부분의 분들과는 낯선 사이에 불과했을 것입니다. 하지만 지난주에 저는 남부 탄광촌을 모두 방문하여 거의 모든 대표자들과 개별적으로 이야기를 나누었고, 또 여러분의 가정을 방문하여 가족들도 만나볼 수 있는 기회를 가졌기 때문에, 오늘 이 자리에서 우리는 서로 낯선 사람들이 아닌 친구로서 만나고 있는 것입니다.

저는 우리 서로의 우정에 대해, 그리고 우리 서로의 공동 이익에 대해 여러분과 이야기를 나누게 되어 무척 기쁩니다.

이 모임은 회사의 임원과 근로자 대표들의 모임이기 때문에 제가 오늘 이 자리에 나올 수 있었던 것은 오로지 여러분의 호의 덕분이라고 생각합니다. 저는 회사 임원도 아니고 근로자 대표도 아니지만, 주주와 이사회의 대표라는 의미에서 여러분과 매우 밀접한 관계를 맺고 있다고 생각합니다.

이것이야말로 적을 친구로 만드는 가장 훌륭한 예라고 할 수 있지 않을까?

만약 록펠러가 다른 방법을 택하여, 논쟁을 벌이고 사실을 방패삼아 잘못은 노동자들에게 있다고 주장하거나 증명하려고 했다면 어떻게 되었을까? 그야말로 불에 기름을 붓는 결과가 되었을 것이다.

상대방의 마음이 미움과 반항으로 가득 차 있을 때는 세상의 그 어떤 논리로도 설득할 수 없는 법이다. 자식을 꾸짖는 부모, 권력을 휘두르는 고용주나 남편, 잔소리 심한 아내, 이런 사람들은 특히 인간은 설득당하는 것을 싫어한다는 사실을 깨달아야 할 것이다. 다른 사람을 억지로 자기 마음대로 움직이게 할 수는 없다. 하지만 상냥하고 다정한 태도로 이야기를 나누면 상대의 마음이 바뀔 수도 있다.

링컨은 이미 100년 전에 이런 말을 했다.

쓸개즙 1통보다 꿀 한 방울이 더 많은 파리를 잡는다는 옛 속담은 어느 세상에서나 적용되는 진리이다. 인간관계에 있어서도 똑같다. 만일 누군가를 내 편으로 만들고 싶다면 먼저 당신이 그의 편이라는 것을 알려야 한다. 그것이 바로 사람의 마음을 사로잡는 한 방울의 꿀이며, 상대의 이성에 호소하는 최선의 방법이다.

경영자들 중에는 파업하는 근로자들에게 우호적으로 대하는 것이 큰 이득을 가져온다는 사실을 깨닫고 있는 사람들도 있다.

화이트 모터사의 근로자 2천5백 명이 임금 인상과 단일 노동조합 제도의 채택을 요구하며 파업을 일으켰다. 사장 로버트 블랙은 노동자들에게 조금도 나쁜 감정을 보이지 않고 오히려 그들이 평화적으로 파업하는 근로자들에 대한 찬사를 클리블랜드 신문에 기고했다.

블랙은 농성을 벌이고 있는 근로자들이 하루 종일 아무 일 없이 있는 것을 보고 야구 방망이와 글러브를 여러 벌 구입해 주었고, 볼링을 좋아하는 사람들에게는 볼링장을 내주었다.

호의는 호의를 낳는 법이라고 했던가, 사장이 호의를 베풀자 파업 근로자들도 청소도구를 가져다 공장 주위를 청소하기 시작했다. 한편으로는 임금 인상과 단일 노동조합 제도의 채택을 위해 투쟁하면서, 한편으로는 공장 주위를 청소하고 있는 것이다. 격렬한 투쟁으로 얼룩진 미국 노동사상 일찍이 볼 수 없었던 광경이었다. 이 파업은 1주일 만에 타결되었고 서로에게 아무런 나쁜 감정도 상처도 남기지 않았다.

다니엘 웹스터는 당당한 풍채와 뛰어난 말솜씨를 지니고 있어, 자기주장을 관철하는 일에 있어서는 그와 견줄 만한 변호사가 없을 정도로 유능한 사람이었다. 그는 재판 도중에 아무리 격렬한 논쟁을 하는 경우에도 부드럽고 조용하고 온건한 말씨와 태도를 잃지 않았고, 자기 의견을 받아들이도록 강요하지 않았는데 그것이 그가 성공한 가장 큰 비결이었다.

물론 당신에게는 노동쟁의를 해결하거나 피고의 입장에서 변호를 의뢰할 일은 평생 없기를 바라지만 집세나 땅값을 낮춰달라고 부탁할 일은 있을 수도 있다. 이런 경우에 온건하게 말하는 다니엘의 방법이 얼마나 도움이 되는지 살펴보기로 하자.

엔지니어인 O. L. 스트로브는 집세가 너무 비싸다고 생각했다. 조금만 싸게 해주면 좋겠는데 집 주인은 소문난 구두쇠였다. 그는 우리 강좌에서 그 이야기를 공개했다.

나는 계약기간이 끝나는 대로 아파트를 나가겠다고 집 주인에게 편지로 통고했습니다. 진짜로 나가고 싶어서 그런 게 아니라 집 주인이 집세를 좀 깎아줬으면 했던 거였습니다. 하지만 그럴 가능성은 전혀 없었습니다. 이미 다른 입주자들도 모두 전세금을 깎는 데 실패했고, 세상에 그렇게 까다롭고 인색한 사람은 없다고 소문이 자자한 사람이었으니까요. 하지만 나는 이번 강좌에서 사람들 다루는 방법을 배웠으니 집주인에게 응용해서 그 효과를 시험해 보자고 생각했습니다.

내 통고를 받고 집주인이 곧 비서를 데리고 찾아왔습니다. 나는 밝게 웃으며 집주인을 맞이하고 진심으로 친절하게 대했습니다. 물론 집세가 비싸다는 말은 한 마디도 하지 않았습니다. 나는 먼저 이 아파트가 무척 마음에 든다고 말하고 아파트를 세심하게 관리해 주는 것에 대해 칭찬했습니다. 그리고 앞으로도 1년 정도 이곳에서 더 살고 싶지만 형편이 허락하지 않아서 어쩔 수 없이 떠나야 할 것 같다고 말했습니다.

집 주인은 지금까지 세입자에게 이런 칭찬을 한 번도 받아 보지 못했는지 처음에는 어리둥절한 눈치였습니다.

이윽고 집 주인은 자신의 고충을 말하기 시작했습니다. 세입자들은 언제나 불평불만만 늘어놓는다는 것이었습니다. 불평하는 편지를 14통이나 보낸 사람도 있었는데 그런 편지들 중에는 분명히 모욕적인 편지도 몇 통 있었고, 심지어는 위층에 사는 남자의 코고는 소리를 막아 주지 않으면 계약을 파기하겠다고 위협한 사람도 있었다고 했습니다.

"당신처럼 말이 통하는 사람이 있다는 것은 정말 고마운 일입니다."

주인은 이렇게 말하고 내가 말을 꺼내기도 전에 집세를 좀 내려주겠다고 제의했습니다. 하지만 나는 그 정도 집세도 낼 형편이 안 된다고 엄살을 부리면서 내가 지불할 수 있는 금액을 말했습니다. 그러자 놀랍게도 주인은 두말없이 그것을 승낙하는 것이었습니다.

게다가 그는 실내장식을 다시 해주겠다면서 특별히 원하는 것이 있는지 묻기까지 하고 돌아갔습니다.

만일 내가 다른 입주자들과 같은 방법으로 집세를 깎으려고 했다면 나도 그들과 마찬가지로 실패했을 것입니다. 우호적이고 동정적이고 감사하는 태도가 얼마나 놀라운 효과를 발휘하는지 이 일로 확실하게 알게 되었습니다.

이번에는 롱아일랜드의 가든 시티에 살고 있는 도로시 데이 부인의 이야기를 들어보자.

나는 직업상 사람들을 많이 만나는 편이고, 경우에 따라서는 사람들을 집에 초대해서 사교적인 모임을 갖는 일도 많아요. 며칠 전에도 나는 몇 사람을 초대하여 오찬회를 가졌습니다. 나에게는 모두 귀한 손님들이었기 때문에 대접이 소홀하지 않도록 무척 신경을 썼죠. 파티를 할 때는 언제나 에밀이라는 솜씨 좋은 홈파티 매니저가 다 맡아서 준비를 했는데 그날따라 에밀은 미리 말도 하지 않고 시간이 다되도록 나타나지 않는 것이었어요. 잔뜩 애가 타서 초조하게 기다리고 있는데 다른 매니저를 보냈더군요. 하지만 그는 아주 엉터리여서 전혀 쓸모가 없었어요.

주빈의 음식을 맨 마지막에 내놓는가 하면, 큰 접시에 달랑 셀러리 한 개만 담아 내놓았고, 고기는 질기지, 감자는 기름투성이지, 정말 창피해서 얼굴을 들 수가 없더라구요.

나는 화가 치밀어 견딜 수가 없을 정도였지만 꾹 참고 손님들 앞에서 미소를 지어야 했죠. 그때의 괴로움이라니! 모임 내내 나는 에밀을 절대로 가만 놔두지 않겠다고 이를 갈았죠.

그 날은 수요일이었어요. 다음날 밤에 여기 와서 인간관계에 관한 강연을 듣고 나는 에밀을 일방적으로 꾸짖는 것은 현명하지 못하다는 사실을 깨달았습니다. 그와의 사이가 틀어져서 그가 앞으로 내 일을 도와주지 않게 되면 파티를 할 때마다 곤란해질 사람은 바로 나였으니까요. 나는 에밀의 입장에서 생각해 봤어요.

"그가 요리 재료를 사들인 것도 아니고 그가 요리를 한 것도 아니야. 그가 데리고 있는 사람들이 다 그와 똑같이 일을 잘 하기를 바라는 것도 무리지."

차근차근 생각해 보니 내가 너무 성급했다는 걸 알겠더군요. 그래서 나는 그를 꾸짖는 대신 온건한 태도로 부드럽게 이야기해 보기로 했습니다. 그러기 위해서는 먼저 그에게 감사하는 걸로 시작해야 했죠. 이 방법의 효과는 정말 놀라울 정도였어요.

이튿날 에밀을 만났는데, 그는 이미 방어 태세를 갖추고 자기가 오히려 화난 표정으로 잔뜩 경계하는 것이었어요. 그래서 나는 조용하고 부드럽게 말했어요.

"에밀, 우리 집에서 파티를 할 때 자넨 없어서는 안 될 사람이야. 자네는 뉴욕 최고의 홈파티 매니저잖아. 물론 재료 구입이나 요리는 자네의 책임이 아니니 요전 수요일처럼 되어 버린 것도 순전히 자네 탓은 아니지."

그러자 험악하던 그의 얼굴에 당장 미소가 떠올랐어요.

"그렇습니다. 부인! 제 잘못도 있지만 요리사 탓이 큽니다."

"다음 주에 또 모임이 있는데 이번에는 꼭 에밀이 도와줘야겠어. 이번에도 그 요리사에게 음식을 맡겨도 될까?"

"물론 괜찮습니다. 부인! 이번에는 실수 없이 잘 할 겁니다."

다음 주 오찬 모임을 열 때는 식단을 비롯해서 모든 것을 에밀과 상의했고 그의 의견을 충분히 받아들였습니다.

시간이 되어 우리가 회장에 들어가니 테이블은 아름다운 장미로 장식되어 있었고, 에밀은 잠시도 자리를 떠나지 않고 손님들의 시중을 들었습니다. 여왕을 모신다고 해도 이런 서비스는 바랄 수 없다 싶을 정도였죠. 맛있는 요리에 서비스도 만점이었으며 서빙하는 사람도 4명이나 있었습니다. 나중에는 에밀이 직접 요리를 날라다 주기까지 했습니다.

파티가 끝나자 이날의 주빈이 내게 속삭였습니다.

"저 매니저한테 혹시 마술이라도 거셨어요? 이렇게 완벽한 서비스를 받아 보기는 생전 처음입니다."

맞아요. 나는 부드러운 태도와 진정어린 칭찬으로 그에게 마술을 걸었던 것입니다.

미주리 주의 시골구석에서 초등학교를 다닐 때 읽은 해님과 바람 우화도 부드러운 말의 위력을 잘 보여준다.

바람이 해님에게 뽐내며 말했다.

"내가 너보다 힘이 세다는 것은 세상이 다 아는 일이야."

해님이 웃으며 대답했다.

"정말 그럴까?"

"당연하지. 지기 외투를 입고 가는 노인 보이지? 저 노인의 외투를 누가 더 빨리 벗기는지 시합하자."

그래서 해님은 구름 뒤로 숨었다. 그러자 바람은 노인을 향해 힘차게 거의 폭풍처럼 불어댔다. 하지만 바람이 세차게 불수록 노인은 더욱 단단히 외투를 잡아당겨 몸을 감쌌다.

마침내 바람은 기진맥진하고 말았다. 그러자 해님이 구름 사이로 얼굴을 내밀고 노인에게 다정한 미소를 보냈다. 그러자 노인은 이마의 땀을 닦으며 외투를 벗어들고 말했다.

"무슨 날씨가 이렇게 변덕스럽담?"

해님이 바람에게 말했다.

"부드럽고 다정한 말이 과격한 우격다짐보다 훨씬 효과적인 법이란다."

이 우화를 내가 시골구석에서 읽고 있을 때, 멀리 보스턴에서는 이 우화가 옳다는 사실을 B라는 의사가 실증하고 있었다. 그리고 30년 뒤에 B씨는 우리 강좌에 참가하여 당시의 이야기를 들려주었다.

당시 보스턴의 신문에는 엉터리 의사들의 불법광고가 수없이 게재되고 있었습니다. 낙태수술을 전문으로 한다는 의사들이 광고를 이용해서 환자들의 공포심을 부채질하고, 기만적인 치료를 하면서 환자들의 돈을 갈취하고 있었던 것입니다. 수많은 희생자들이 속출했지만 처벌된 의사는 거의 없었습니다. 그저 약간의 벌금을 무는 것으로 끝나거나 정치적 압력으로 사건을 무마시키고 있었던 거죠.

결국 보스턴 시민들은 분개했습니다. 목사는 연단을 두드리며 신문을 비난하면서 수상한 불법광고 게재를 중지하게 해달라고 하나님께 기도했습니다. 각종 민간단체, 실업가 단체, 부인회, 교회, 청년단 등이 일제히 목소리를 높여 의료범죄 행위와 불법광고 게재에 대해 신문을 비난했지만 달라질 기미는 조금도 보이지 않았습니다. 이런 종류의 신문광고 금지를 둘러싸고 주 의회에서도 치열한 논쟁이 벌어졌지만 결국 매수와 정치적 압력으로 흐지부지 끝나고 말았고요.

나는 그때 보스턴 시 기독교 연합회 회장이었습니다. 우리 위원회도 전력을 다해 싸웠지만 이 의료범죄에 대한 투쟁은 절망적이었습니다.

어느 날 밤에 그때까지 보스턴 시에서는 아무도 생각하지 못했던 방법이 내 머리에 떠올랐습니다. 친절과 동정과 감사로 신문 발행인이 자발적으로 그런 광고의 게재를 중지할 마음이 들게 하려는 방법이었습니다.

나는 〈보스턴 헤럴드〉 사장에게 그 신문을 진심으로 찬양하는 편지를 보냈습니다. 나는 그 신문의 오랜 애독자라는 말로 시작하여, 뉴스 기사들이 모두 깔끔하여 선동적인 데가 없고, 사설도 매우 뛰어나다는 등의 칭찬과 함께, 아마 뉴잉글랜드에서는 물론이고, 전 미국에서도 일류에 속하는 신문일 거라고 찬양했습니다. 그리고 마지막으로 이렇게 덧붙였습니다.

제 친구 중에 어린 딸을 둔 사람이 있습니다. 어느 날 밤, 그의 딸이 귀 신문의 낙태 전문의사 광고를 읽고는 그 속에 나오는 낱말의 뜻을 그에게 질문했답니다. 그는 놀라고 당황하여 뭐라고 대답해야 좋을지 몰라 쩔쩔맸다고 합니다.
보스턴의 상류가정에서는 대부분 귀 신문을 읽고 있습니다. 그렇다면 이와 같은 사태가 여기저기 다른 가정에서도 일어나지 않는다고 단언할 수 없겠습니다. 귀하에게도 어린 따님이 혹시 있다면, 따님에게 그런 광고를 읽히고 싶으실지 여쭙고 싶습니다. 그리고 따님이 그런 질문을 한다면 귀하는 어떻게 설명하시겠습니까?
귀 신문과 같은 일류신문에 아버지로서 딸에게 읽히고 싶지 않은 부분이 단 한 곳이라도 있다는 것은 매우 유감스러운 일입니다. 귀 신문을 애독하고 있는 수많은 사람들 역시 저와 똑같은 생각을 가지고 있을 것입니다.

이틀 뒤에 〈보스턴 헤럴드〉 사장에게서 답장이 왔습니다. 나는 그 답장을 30여 년이 지난 지금까지 보관하고 있습니다.

B씨께,
보낸 주신 친절한 편지는 대단히 고맙게 받아 보았습니다. 나는 취임한 이래로 이 문제에 관하여 계속 고민하고 있었습니다만 이제야 겨우 결심이 섰습니다. 그것은 오로지 귀하의 편지 덕분이라고 생각합니다.
다음 월요일부터는 〈보스턴 헤럴드〉에 수상한 광고가 실리지 않도록 최선을 다해 노력하겠습니다. 우선 낙태 전문의사의 광고는 절대로 게재하지 않겠습니다만 부득이 게재할 수밖에 없는 다른 의료광고에 대해서는 불미스러운 점이 없도록 주의를 기울여 편집하겠습니다.

이솝은 크로소스 궁전에 살던 그리스의 노예였다. 그는 기원전 600년에 이미 불후의 명저 《이솝 이야기》를 썼고, 그가 준 교훈은 2천5백 년 전의 아테네에서는 물론, 현대의 보스턴에서도 통용되는 진리로 남아 있다.
해님은 바람보다 빨리 당신의 외투를 벗길 수 있다. 마찬가지로 친절한 태도와 감사하는 마음은 세상의 어떤 비난과 분노보다 쉽게 사람의 마음을 바꿀 수 있다.

링컨의 명언을 기억하라.

"꿀 한 방울이 쓸개즙 한 통보다 더 많은 파리를 잡는다."

상대방을 설득하는 비결 4

우호적인 태도로 말을 시작하라.

Begin in a friendly way.

---

5. 예스라고 대답하게 하라

다른 사람과 이야기할 때 서로 의견이 다른 문제로 시작하지 마라. 일단 서로 의견이 같은 문제부터 시작하여 계속 그것을 강조하는 것이 중요하다. 가능하다면 나와 상대방이 서로 같은 목적을 향해서 같이 노력하고 있으며 서로 다른 점이 있다면 견해 차이일 뿐이고 그것은 얼마든지 극복할 수 있다는 점을 계속 강조해야 하는 것이다.

최대한 상대방이 처음부터 '예스'라고 대답하게 하고 '노'라는 말을 하지 않게 하는 것이 중요하다. 오버스트리트 교수는 인간관계에서 가장 극복하기 어려운 장애 요인은 '노'라는 말이라고 전제하면서 이렇게 설명했다.

상대방이 일단 '노'라고 대답하게 되면 그것을 번복하기는 정말 어려운 일이다. 자존심 때문에라도 상대방은 고집을 부리게 되고, 설령 '노'라고 말한 것을 후회하는 경우라도 자존심이 쉽게 허락하지 않기 때문이다. 그러므로 처음부터 '예스'라고 대답하게 하는 방향으로 이야기를 끌고 나가는 것이 무척 중요한 것이다.

말 잘하는 사람들은 우선 상대방에게 몇 번이고 '예스'라고 말하게 한다. 그러면 상대방의 심리는 긍정적인 방향으로 움직이기 시작한다. 이것은 마치 당구공이 어떤 방향으로 굴러가기 시작한 것과 같아서, 그 방향을 바꾸게 하려면 훨씬 더 큰 힘이 드는 것과 같다.

이와 같은 심리적인 움직임은 분명한 형태로 나타난다. 인간이 진심으로 '노'라고 말할 때에는 그것은 단순히 입으로만 말하고 있는 것이 아니라 인체의 모든 기관, 즉 편도선, 신경, 근육 등의 모든 조직이 동시에 작용하여 일제히 거부반응을 굳혀버리는 것이다. 그리고 대개의 경우 미미한 정도지만 겉으로도 거부반응을 보이게 되는데 때로는 그것을 분명히 알 수 있을 정도의 큰 동작으로 나타나는 경우도 있다. 즉 신경과 근육의 모든 조직이 거부반응을 취하는 것이다.

하지만 '예스'라고 대답할 경우에는 이러한 위축 현상은 전혀 생기지 않고, 신체의 조직이 자진해서 받아들이려는 태세를 취한다. 그러므로 처음부터 '예스'라는 대답을 많이 하게 할수록 상대방을 내가 생각하고 있는 방향으로 이끌어가기가 쉬워지는 것이다. 다른 사람에게 '예스'라는 대답을 하게 하는 이 기술은 사실 아주 간단하다. 그런데도 사람들은 이 간단한 기술을 얼마나 소홀히 하는지! 마치 처음부터 상대방의 적의를 불러일으키는 것이 자기 중요감을 느끼는 지름길이라고 생각하는 것이 아닐까 싶을 정도이다.

세상에는 무조건 반대하는 것으로 자기 중요감을 충족시키는 사람이 흔하다. 진보 성향의 사람이 보수 성향의 사람과 말하기 시작하면 곧 상대방을 화나게 만들고 만다. 도대체 그렇게 해서 좋을 게 뭐란 말인가? 단순히 어떤 쾌감을 맛보기 위한 것이라면 그것으로도 좋을지 모르지만 어떤 성과를 기대하고 있는 것이라면 절대로 그래선 안 된다.

학생이든 고객이든 자식이든 남편 또는 아내든, 처음에 '노'라 대답하게 되면 그것을 '예스'로 바꾸는데 얼마나 많은 노력과 인내가 필요한지 알아둘 필요가 있다.

뉴욕의 그리니치 저축은행의 출납계에서 일하는 제임스 에버슨은 이 '예스'라고 말하게 하는 기술을 사용하여 손님을 붙잡는 데 성공했다. 그의 경험담을 들어보자.

그 사람은 예금 계좌를 개설하려고 왔다고 말했어요. 나는 우선 용지에 필요한 사항을 기입해 달라고 부탁했죠. 그는 대부분의 질문에 대답했지만 어떤 질문에 대해서는 도무지 대답을 하지 않는 것이었어요.

만일 내가 인간관계에 대한 공부를 하기 전이었다면, 틀림없이 이 질문에 대답하지 않으면 계좌를 만들어줄 수 없다고 잘라 말했을 거예요. 부끄럽지만 사실 나는 이제까지 그런 식으로 손님을 대해 왔거든요. 그런 말로 상대방을 꼼짝 못하게 하는 것이 통쾌하기도 했고, 은행의 규칙을 방패삼아 모처럼 내가 갑이 되는 기분이었죠. 물론 이런 태도는 손님들에게 절대로 호감을 주지 못했지만요.

나는 손님이 처음부터 '예스'라고 대답하게 하려면 어떻게 해야 할지 생각했습니다. 그래서 나는 은행 측의 입장이 아니라 손님의 입장에서 생각하기로 했습니다.

나는 일단 손님의 기분이 상하지 않도록 마음이 내키지 않는 질문에는 대답하지 않아도 된다고 말하고 이렇게 덧붙였어요.

"예금하신 뒤에 혹시 손님에게 사고가 생기면 어떻게 하시겠어요? 법적으로 손님에게 가장 가까운 분이 받을 수 있도록 하시는 게 좋겠죠?"

그는 '예스'라고 대답했습니다.

"그런 경우 저희가 정확하고 신속하게 수속하려면 손님의 가족사항에 대해 알아 두는 편이 좋지 않을까요?"

그는 또 '예스'라고 대답했습니다.

내가 질문한 사항이 은행을 위한 것이 아니라 그 자신을 위한 것이라는 사실을 알자 그의 태도는 달라졌습니다. 그는 자신에 관한 모든 정보를 다 말했을 뿐만 아니라, 나의 권유에 따라 그의 어머니를 수취인으로 하여 신탁구좌를 신설하고 어머니에 관한 질문에도 기꺼이 대답해 주었어요. 그에게 처음부터 '예스'라고 대답할 수밖에 없는 질문을 한 덕분이라고 생각해요.

다음은 웨스팅하우스사의 세일즈맨 조셉 앨리슨의 이야기다.

내가 담당하고 있는 구역에, 나의 전임자가 10년 동안이나 우리 회사 제품을 팔려고 공을 들였지만 결국 한 대도 못 팔고 손들었던 사람이 있었어요. 나도 그 구역을 담당하고부터 거의 3년 동안이나 그를 따라 다니고 나서야 겨우 모터를 몇 대 파는 데 성공했어요. 전임자와 합해서 13년 만의 쾌거였죠. 어쨌든 일단 몇 대라도 팔았으니 우리 모터를 써보고 성능이 마음에 들면 앞으로는 수백 대의 주문을 받을 수 있을 것이라고 잔뜩 기대하고 있었습니다. 우리 회사 제품의 성능이야 말할 필요도 없었으니까 말이죠.

3주 뒤에 나는 자신만만하게 그 공장을 방문했어요. 써보니까 참 좋더라는 말을 기대하면서 말이죠. 그런데 수석 엔지니어가 나를 보더니 느닷없이 이렇게 말하는 것이었어요.

"앨리슨 씨, 당신네 회사 모터는 이제 사절이에요."

나는 깜짝 놀라서 물었어요.

"왜요? 그게 무슨 말씀입니까?"

"당신네 회사 모터는 열이 너무 많이 나서 만질 수가 없어요."

논쟁이 아무 소용없다는 것은 그동안의 경험으로 잘 알고 있었습니다. 그래서 나는 그에게 '예스'라고 대답하게 하려면 어떻게 해야 될지 생각했습니다.

"그래요? 그렇다면 스미스 씨의 말씀이 맞습니다. 제조협회에서 정한 표준치보다 더 높이 가열되는 제품은 절대로 선택하면 안 됩니다. 그렇죠?"

그는 물론이라고 대답했어요. 최초의 '예스'를 얻어낸 거죠.

"협회 규격으로는 모터 온도가 실내온도보다 화씨 72도까지 높아지는 것은 인정하고 있죠?"

"네, 그렇습니다. 하지만 저 모터는 그보다 더 높아진다구요."

나는 그 말에는 대꾸하지 않고 공장 실내 온도는 몇 도 정도나 되는지 물어 보았어요. 그는 화씨 75도 정도라고 대답했어요.

"공장 실내 온도가 75도이고, 거기에 72도를 보태면 147도가 됩니다. 147도의 끓는 물에 손을 대면 화상을 입겠죠?"

그는 또 '예스'라고 말하지 않을 수 없었죠.

"그렇다면 모터에 손을 대지 않는 것이 좋지 않을까요?"

"그렇군요. 당신 말이 맞는 것 같소."

결국 그는 항복하더군요. 그러고 나서 우리는 한동안 이런저런 얘기를 나누었습니다. 그러다가 내가 돌아가려고 자리에서 일어서자 그는 다음 달에 보내달라고 하면서 약 3만 5천 달러어치의 상품을 주문했어요.

논쟁을 하면 손해를 본다. 상대방의 입장이 되어 사물을 생각하는 것은 어떤 면에서는 상당히 흥미진진한 일이 되기도 하고, 생각지도 못한 이득을 가져다주기도 한다. 그런데도 사람들은 쓸데없는 논쟁으로 시시비비를 가리느라 시간과 노력을 낭비하고 경제적으로도 막대한 손해를 보곤 하는 것이다.

아테네의 철학자 소크라테스는 인류 역사상 가장 위대한 철학자 중 한 사람이었다. 그는 전 인류의 역사를 통해서 두세 사람만이 할 수 있었던 일을 해냈다. 인간의 사고방식을 송두리째 바꾸어 놓는 일! 바로 그 일을 그는 해낸 것이다. 그래서 그는 죽은 지 2천년이 훨씬 지난 오늘날까지도 이 세상을 바꾸어 놓은 가장 지혜로운 사람 중 한 사람으로 존경받고 있다.

사람을 설득하는 데 있어서 소크라테스와 견줄 사람은 예로부터 지금까지 이 세상에 아무도 없다. 그의 비결은 무엇일까?

소크라테스는 절대로 상대방의 잘못을 지적하지 않았다. 오늘날 소크라테스 방법론이라고 불리는 그의 비결은 상대방에게서 '예스'라는 대답을 끄집어내는 것을 바탕으로 삼고 있다. 그는 우선 상대방이 '예스'라고 대답하지 않을 수 없는 질문을 한다. 다음 질문에서도 역시 '예스'라고 대답하게 하고, 차례차례로 '예스'라는 대답을 계속하게 만든다. 그래서 상대방이 깨달았을 때에는 어느새 자기가 반대하고 있던 문제에 대해서 '예스'라고 대답하지 않을 수 없게 되는 것이다.

당신도 상대방의 잘못을 지적하고 싶어지거든 소크라테스를 기억하라. 그리고 그가 했던 것처럼 상대방에게 '예스'라고 대답하게 하라.

중국인들은 5천년의 역사를 가진 민족답게 지혜로운 격언을 많이 알고 있다.

부드러운 것이 강한 것을 이긴다.

살며시 걷는 사람이 멀리 간다.

사람을 설득하는 비결 5

상대방이 즉시 '네, 네'라고 대답하게 하라.

Get the other person saying "yes, yes" immediately.

6. 상대방이 말하게 하라

상대방을 설득하려 할 때 자기 혼자 떠들어 대는 사람들이 많다. 특히 세일즈맨 중에 이런 잘못을 저지르는 사람이 정말 많다. 상대방에게 말을 시켜서 그가 충분히 말하게 하라. 자기 일은 자기가 가장 잘 아는 법이다. 그러니 본인이 말하도록 해야 하는 것이다.

그리고 상대방이 말하는 동안에는 말참견을 하고 싶은 유혹을 느끼더라도 참아야 하고, 반대의견을 말하고 싶더라도 꾹 참고 있어야 한다. 상대방이 아직 할 말이 남아 있는 한 이쪽에서 무슨 말을 해도 소용이 없다. 마음을 느긋하게 갖고 끈기 있게, 그리고 정성껏 상대방의 이야기를 들어라. 그래서 상대방으로 하여금 마음 놓고 떠들 수 있도록 해 줄 일이다.

이 방법을 비즈니스에 응용하면 어떻게 될까?

수년 전, 미국 굴지의 자동차 회사에서 차내 시트용 직물 1년 치를 한꺼번에 구입하려고 협상을 벌이고 있었다. 중견 기업 세 곳에서 제출한 견본이 각각 최종 심사 대상에 올랐다. 자동차 회사의 중역들은 상품 설명을 듣고 최종적으로 계약을 결정할 테니 지정한 날짜에 와 달라고 중견 기업 세 곳에 통지했다.

그 중의 한 회사의 사장인 R씨는 심한 후두염에 걸렸는데도 그 날 참석했다. 다음은 그 R씨의 이야기다.

나는 후두염에 걸려서 말이 나오지 않았지만 좋은 기회를 놓칠 수가 없어서 일단 참석했습니다. 내 차례가 되어 방에 들어가니 사장을 비롯해 각 부의 책임자들이 쭉 둘러앉아 있었어요. 나는 자리에서 일어나 설명을 하려 했지만 도무지 목소리가 나오지 않았어요. 그래서 나는 종이쪽지에, '후두염에 걸려서 지금 목소리가 나오지 않습니다. 죄송합니다'라고 쓴 다음 가까이 있는 중역에게 건넸죠. 그것을 보고 사장이 이러더군요.

"그럼 내가 대신 설명을 해주겠소."

그는 내 견본을 펼쳐 놓더니 그 직물의 장점을 얘기하기 시작했어요. 그러자 각 책임자들이 각자 자기 의견을 활발하게 제기하면서 자기들끼리 열렬하게 토론을 하더군요. 물론 사장은 내 대변인 역할을 맡았으니 당연히 내 편이었죠. 나는 그저 미소를 짓거나 고개를 끄덕이면서 동의를 표했습니다.

이 진기한 심사회의 결과 나는 50여만 야드의 직물을 주문 받았습니다. 금액으로 160만 달러나 되는 어마어마한 양이었죠. 그렇게 큰 주문은 생전 처음이었어요.

만일 그때 내가 목소리를 낼 수 있었다면 아마 그 주문은 내게 돌아오지 않았을 겁니다. 나는 그때까지 자기가 떠드는 것보다 상대방에게 떠들게 하는 편이 훨씬 더 이익이라는 사실을 전혀 모르고 있었거든요.

찰스 큐베리스는 최근에 〈뉴욕 해럴드〉 경제란에 '경험 있는 유능한 인재를 구함'이라는 광고가 난 것을 보고 응모했다. 며칠 후 그에게 면접을 보러 오라는 통지서가 날아왔다. 그는 면접을 보기 전에 월가로 나가 그 회사 설립자에 대해 자세히 조사했다. 그리고 면접할 때 그는 사장에게 이렇게 말했다.

"이렇게 훌륭한 회사에서 일하는 것이 제 소원입니다. 사장님께서는 28년 전에 거의 맨주먹으로 이 회사를 설립하셨다고 하던데 그게 사실입니까?"

성공했다고 일컬어지는 사람들이란 으레 젊은 시절에 자기가 겪었던 가시밭길을 회상하는 것을 좋아하는 법이다.

사장은 불과 450달러의 자금과 아이디어만으로 사업을 시작했던 당시의 고충을 장황하게 이야기하기 시작했다. 일요일은 물론, 공휴일에도 쉬지 않고 온갖 장애와 싸워서 드디어 오늘날의 사업을 이루었고, 지금도 월가에서 일류인사들이 그에게 의견을 물으러 찾아온다는 것이었다. 그는 확실히 자랑할 만한 성공을 거둔 사람이었고, 그런 이야기를 들려주는 것이 한없이 즐거운 모양이었다.

경험담이 끝나자, 그는 큐베리스의 경력에 대해 간단한 질문을 한 다음 부사장을 부르더니 다음과 같이 말했다.

"이 사람이 바로 내가 찾던 사람일세."

큐베리스는 상대방의 업적을 조사하는 수고를 할 정도로 상대방에게 관심을 기울였고, 상대방에게 말할 기회를 주었다. 아무리 다정한 친구 사이라도 상대방의 자랑을 듣기보다는 자기의 자랑을 들려주고 싶은 법이다.

프랑스의 철학자 라 로슈푸코는 이렇게 말했다.

"적을 만들려거든 친구에게 이겨라. 벗을 만들려거든 친구가 이기게 하라."

독일 속담에는 이런 말이 있다.

"남의 실패에 대한 기쁨보다 더한 기쁨은 없다."

확실히 당신의 친구 중에도 당신의 성공보다 실패를 기뻐하는 자가 있을 것이다. 그러니 당신의 성공은 되도록 겸손하게 말해야 한다. 이 방법은 틀림없이 주효할 것이다.

어빈 콥은 이 겸손의 비결을 알고 있었다. 언젠가 증언대에 선 그에게 변호사가 이렇게 물었다.

"당신은 일류 작가라고 들었는데, 그게 사실입니까?"

그는 이렇게 대답했다.

"그저 운이 좋았던 덕분이죠."

일반적으로 인간이란 그렇게 뽐낼 만큼 대단한 존재가 되지 못하기 때문에 겸손한 태도를 취하는 것이 좋다. 앞으로 100년쯤 지나면 우리는 다 죽어 사람들 기억에서도 사라지게 마련이다. 인생은 짧다. 필요치도 않은 자기 자랑을 다른 사람에게 하고 있을 겨를이 없다. 다른 사람에게 떠들게 하라.

생각해 보면, 우리는 아무 자랑거리도 가지고 있지 못하다. 우리들이 백치와 구별되는 것은 갑상선에 있는 약간의 옥소라는 물질 덕분이다. 그 정도의 옥소는 5센트만 주면 살 수 있다. 갑상선에서 그 옥소를 빼내면, 인간은 백치가 된다. 불과 5센트면 살 수 있는 옥소가 당신의 운명을 쥐고 있는 것이다. 도대체 뽐낼 자랑거리가 무엇이란 말인가!

사람을 설득하는 비결 6

상대방이 아주 많이 말하게 하라.

Let the other person do a great deal of the talking.

7. 자기 생각이라고 느끼게 하라

사람은 다른 사람의 의견보다 자기 의견을 훨씬 더 중요하게 생각한다. 남의 생각을 받아들이는 것보다 자기가 생각해낸 아이디어를 실천하는 것이 훨씬 쉬운 것이다. 그렇다면 다른 사람에게 자기 의견을 강요하는 것은 애당초 잘못된 생각이 아닐까? 다른 사람에게 당신의 생각을 받아들이게 하는 가장 좋은 방법은 상대방에게 암시를 주어 상대방이 스스로 그 아이디어를 생각해 낸 것처럼 느끼게 하는 것이다.

이것은 우리 강좌에 나온 아돌프 젤츠의 이야기다.

그때 아돌프 젤츠의 회사는 자동차 판매 부진으로 심각한 위기에 빠져 있었다. 젤츠는 완전히 의욕을 잃고 있는 영업사원들을 격려하기 위해 판매회의를 열고, 회사에 요구사항이 있으면 모두 말하라고 했다.

그는 그들의 요구사항을 모두 칠판에 차례로 받아썼다. 그러고 나서 그는 영업사원들에게 이렇게 말했다.

"나는 여러분의 요구를 모두 받아들이겠습니다. 그 대신 여러분은 내 요구를 어떻게 만족시켜 줄지 그것을 말해 주기 바랍니다."

직원들은 즉석에서 대답했다. 충성을 맹세하는 사람, 정직, 적극성, 낙천주의, 팀워크 등을 약속하는 사람, 하루에 8시간의 노동을 약속하는 사람, 심지어는 14시간의 노동도 사양치 않겠다는 사람도 있었다. 회의는 일에 대한 용기와 열의를 새롭게 하는 것으로 막을 내렸고, 그 이후의 판매 실적은 경이적으로 향상되었다.

이에 대해 젤츠는 이렇게 말했다.

"영업사원들은 그때 일종의 도의적인 계약을 나와 체결했던 것입니다. 내가 그 계약에 따라 행동하는 한, 그들 역시 그대로 행동하려고 결심했던 거죠. 그들의 요구를 들어준 것이 기사회생의 약이 되었던 것이라고 생각합니다."

다른 사람에게 강요당하거나 명령에 의해 움직인다는 느낌은 누구도 좋아하지 않는다. 사람들은 자주적으로 행동하고 싶어하고, 다른 사람이 자기의 희망이나 요구, 의견 등을 들어 주면 무척 기뻐한다.

루즈벨트는 뉴욕 주지사 시절에 아주 대담한 개혁을 감행했다. 각 정당 지도자들과 친하게 지내면서 그들의 반대 의견에도 유연하게 대처하는 능력 덕분이었다.

예를 들어, 중요한 자리에 공석이 생겼을 경우 루즈벨트는 각 정당 지도자들에게 후보자를 추천해 달라고 부탁했다. 루즈벨트는 그 문제에 대해서 다음과 같이 설명하고 있다.

지도자들이 처음에 추천하는 인물은 대개 당에서 돌봐 주고 있는 쓸모없는 인간이기 마련입니다. 그러면 나는 이렇게 에둘러 거절하지요.

"이 사람은 이 직책에서 그다지 영향력을 발휘할 수 없을 것 같습니다. 시민들도 반대할 것 같구요. 미안하지만 다른 사람을 좀 찾아봐주세요."

그들이 두 번째로 추천하는 인물도 역시 처음 사람보다는 낫지만 쓸모가 없기로는 대개 마찬가지죠. 나는 다시 그들에게 좀 더 시민들이 납득할만한 적임자를 추천해 달라고 부탁합니다.

세 번째로 추천하는 인물은 그런 대로 쓸 만하지만 딱 적임자라고 할 수는 없습니다. 나는 그들의 협력에 감사하고, 수고스럽더라도 한 번만 더 다시 생각해 달라고 부탁합니다.

그렇게 하다 보면 그들이 마지막으로 추천하는 사람은 바로 내가 생각하고 있던 사람이 되는 거죠. 그러면 나는 무척 기뻐하면서 그들에게 감사를 표하고 그를 임명하는 것입니다. 즉 중요한 공직에 적임자를 뽑게 된 공로를 그들에게 돌리는 셈이죠. 그 다음에는 그들에게 이렇게 말합니다.

"당신들의 의견대로 사람을 뽑았으니 이번에는 내 의견을 들어줄 차례입니다."

실제로 그들은 루즈벨트가 내놓은 선거법과 시 공무원 법안, 독점세 법안 등의 중대 개혁안을 지지해 통과시켜 주었다. 루즈벨트는 절대로 자신의 뜻을 강요하는 법 없이, 그저 상대방이 스스로 생각하고 선택했다고 느끼도록 주도권을 쥐어주는 방식으로 협력을 얻어냈던 것이다.

롱아일랜드의 어느 중고자동차 판매업자가 스코틀랜드인에게 이와 똑같은 방법을 사용하여 중고자동차를 팔았다. 그는 그 스코틀랜드인에게 자동차를 무척 많이 보여주었지만 그때마다 트집을 잡았다. 모양이 나쁘다, 기능이 떨어진다, 너무 구식이다 등등 트집은 얼마든지 있었고, 특히 가격 문제에 있어서는 모든 차가 그에게는 말도 안 되게 비쌌다.

이 중고자동차 판매업자는 내 강좌 수강자였는데, 그는 이 문제를 강좌에서 공개하고 우리의 의견을 구했다. 우리는 억지로 팔려고 그에게 차의 장점을 설명하지 말고 손님이 오히려 차의 장점을 설명하게 만들어 보라고 충고했다. 그는 곧 이 방법을 응용해 보기로 했다. 그는 당시의 상황을 이렇게 설명했다.

며칠 후, 어떤 손님이 자기 차를 팔아 달라고 맡겼는데 그 스코틀랜드인에게 딱 좋을 것 같았습니다. 그가 찾고 있던 스타일이었거든요. 그래서 나는 곧 그 스코틀랜드인에게 전화를 걸어 의견을 듣고 싶은 일이 있으니 와 줄 수 없겠느냐고 청했습니다. 얼마 뒤에 스코틀랜드인이 오자 나는 이렇게 말했습니다.

"제가 자동차를 꽤 오래 취급했지만 자동차를 보는 눈은 선생님을 따르지 못합니다. 이 차를 얼마 정도에 인수하면 좋을지 좀 살펴봐주시겠어요?"

스코틀랜드인은 아주 기분이 좋은 것 같았습니다. 중고자동차 판매업자라는 사람이 부탁을 했으니 자동차를 보는 자기 안목이 완전히 인정받은 셈이었죠. 스코틀랜드인은 자동차를 타고 한 바퀴 돌아보더니 이렇게 말했습니다.

"차가 아주 괜찮네요. 300달러 정도면 적당할 것 같아요."

"그럼 저쪽에서 300달러에 내놓는다면 선생님이 이 자동차를 사시겠습니까?"

물론 거래는 그 자리에서 성립되었습니다. 300달러는 자신이 붙인 가격이니까요.

어느 X-레이 장치 제조업자도 이런 심리를 응용하여 브루클린의 대형병원에 자기 회사 제품을 파는데 성공했다.

그 병원은 당시 미국 최고의 X-레이 과를 목표로 건물증축공사를 하고 있었고, X-레이 담당자인 L박사는 자기 회사 제품을 팔려고 몰려드는 세일즈맨들 때문에 정신이 없었다. 그런데 그 중에는 교묘하게 인간의 심리를 포착한 업자가 있었다. 그는 다음과 같은 편지를 L 박사에게 보냈다.

우리 회사에서 얼마 전에 완성한 최신형 X-레이장치 제1차 제품이 지금 막 사무실에 도착했습니다. 물론 이번 제품이 완전한 것이라고는 생각하지 않습니다. 앞으로도 꾸준히 보완하면서 개선해 나갈 것입니다. 박사님께서 한 번 보시고 전문가의 입장에서 보완할 점에 대한 고견을 들려주신다면 정말 큰 도움이 될 것입니다. 무척 바쁘시겠지만 시간을 내주시면 언제든지 모실 차를 보내드리도록 준비하고 있겠습니다.

우리 강좌에서 L박사는 당시의 일을 이렇게 말했다.

"정말 예상치 못한 내용이었지만 한편 기쁘기도 했습니다. X-레이 장치를 팔겠다는 사람은 많아도 그 장치의 세세한 구조나 성능에 대해서 비교할 만한 정확한 자료를 제공하는 사람은 없었으니까요. 게다가 X-레이 장치 제조업자가 내 의견을 직접 듣고 내가 원하는 대로 보완해 주겠다는 거잖아요. 나에게 중요감을 준 것입니다. 그 주에는 스케줄이 꽉 차 있었지만 나는 약속을 취소하면서까지 그 장치를 보러 갔는데 꼼꼼히 살펴볼수록 마음에 들더군요. 나는 곧 계약을 했습니다. 절대로 강매당한 것이 아니었어요. 병원을 위해서 우수한 장치를 고른 거였죠."

우드로 윌슨이 대통령 재임 중일 때 에드워드 하우스 대령은
국내 및 외교적인 문제에 대해 막강한 영향력을 가지고 있었다.
윌슨 대통령은 중대한 문제의 의논 상대로서 하우스 대령을 각
료 이상으로 신임하고 있었다.

그토록 신임을 받은 하우스 대령의 비결은 무엇일까?

〈선데이 이브닝 포스트〉지는 하우스 대령의 말을 아더 스미스
의 입을 빌어 이렇게 소개하고 있다.

대통령을 어떤 생각으로 유도하는 데는 아주 자연스럽게 그것
을 그의 마음에 심어 놓아 그에게 관심을 갖도록 하는 것이 가
장 좋은 방법이었다. 즉 대통령 자신이 그것을 생각해낸 것으
로 여기게 하는 것이다.

나는 우연한 기회에 그것을 알게 되었다.

어느 날 나는 백악관에 가서 대통령을 만나 어떤 문제에 대해
서 의견을 나누었다. 그는 처음에는 분명히 나와 반대 의견을
갖고 있었다.

그런데 며칠 뒤의 만찬회 석상에서 그가 그 문제에 대해 발표
했는데, 그것은 내가 대통령에게 이야기한 내용과 똑같았다.
이 사실에는 나도 놀라지 않을 수 없었다.

하우스 대령이 그것은 대통령의 의견이 아니라 원래 자기 의견
이라고 반박했을까? 대령은 절대로 그런 짓은 하지 않았다. 한

수 위였던 것이다. 대령은 명예보다는 실리를 택했다. 그는 그 의견을 어디까지나 대통령 자신의 것이라고 다른 사람들은 물론 대통령 자신도 그렇게 생각하도록 내버려 두었다. 대통령에게 명예를 돌렸던 것이다.

우리들의 교섭 상대는 누구나 이 이야기의 주인공인 윌슨 대통령과 똑같은 인간이라는 사실을 감안하여, 하우스 대령이 사용한 방법을 크게 이용해야 할 것이다.

몇 해 전에 뉴브런즈윅에 사는 어떤 사나이가 이러한 수법을 써서, 나를 단골손님으로 만들어버린 일이 있다. 그때의 이야기는 다음과 같다.

나는 낚시하러 뉴브런즈윅에 가려고 교통공사에 문의 편지를 보냈다. 그런데 내 주소와 이름이 리스트에 실려 있었는지 곧바로 산장이나 안내소 등에서 무수한 안내장과 팸플릿이 쇄도했다. 정보가 너무 많아도 고르기가 어려운 법이다. 도대체 어느 것이 좋은지 알 수가 없어서 뒤적거리기만 하고 있는데 어느 산장에서 온 안내장이 내 마음을 끌었다. 그 안내장에는 일찍이 그 산장에서 묵은 일이 있는 뉴욕 사람들의 이름과 전화번호가 있었고, 그들에게 전화해서 산장에 대해 물어보라는 안내문이 적혀 있었다. 그리고 놀랍게도 그 명단 중에는 내가 잘 아는 사람의 이름이 들어 있었다. 나는 곧 그 사람에게 전화를 걸어 물어보았고 그 산장을 예약했다.

다른 사람들은 나에게 강매하려 했지만, 그 산장의 주인은 나에게 직접 알아보고 생각해 보고 선택할 기회를 주어 사고 싶은 마음이 일어나게 했던 것이다.

사람을 설득하는 비결 7

상대방에게 그 아이디어가 자기 생각이라고 느끼게 하라.

Let the other person feel that the idea is his or hers.

---

8. 상대방의 입장이 되라

사람들은 대부분 자기에게 잘못이 있을지라도 자기 잘못이라고는 생각하지 않는다. 그러므로 상대방을 비난하는 것은 아무 소용이 없다. 비난은 어떤 바보라도 할 수 있다. 이해하도록 노력해야 한다. 현명한 사람은 상대방을 이해하려고 노력한다.

상대방의 생각과 행동에는 각각 그 나름대로의 상당한 이유가 있게 마련이다. 그 이유를 찾아내야 한다. 그러면 상대방의 행동, 나아가서는 상대방의 성격에 대한 열쇠까지 잡을 수가 있다. 그러니 상대방의 입장이 되어 볼 일이다.

내가 그의 입장이라면 어떻게 느끼고 어떻게 반응할 것인지 스스로에게 물어라. 그러면 화를 내는 것이 얼마나 시간만 낭비하는 어리석은 짓인지 알게 될 것이다. 원인에 대해 흥미를 가지면 결과에 대해서도 동정심을 갖게 된다. 뿐만 아니라 사람을 다루는 기교가 눈에 띄게 발전하게 된다.

케네스 구드는 《황금같이 귀한 사람을 만드는 법》이라는 그의 저서에서 이렇게 말했다.

잠시 동안만 가만히 앉아서 자신의 문제를 대할 때 갖는 강렬한 관심과 다른 사람들에 대해 갖는 미적지근한 관심을 비교해 보라. 그러고 나서 다른 사람들도 당신과 똑같다는 사실을 생각한다면 모든 직업에 필요한 원칙을 파악할 수 있다. 즉 사람을 잘 다루는 비결은 상대방의 입장에 서서 그를 잘 이해하고 동정적으로 생각하는 것이다.

나는 우리 집 근처에 있는 공원에서 산책하며 기분 전환하는 것을 좋아한다. 그곳에 있는 떡갈나무들에 대해 나는 거의 경건에 가까운 애정을 갖고 있는데, 계절마다 사람들의 부주의로 인해 어린 떡갈나무들이 불타 죽어가는 것을 보면 슬퍼서 견딜 수가 없다. 화재의 원인은 담배꽁초가 아니라 대개 자연을 즐긴답시고 공원을 찾아오는 소년들이 숲속에서 소시지나 계란요리를 하고 그 뒤처리를 잘 하지 않기 때문이었고, 때로는 큰 화재로 번져 소방차가 출동하여 끄는 경우도 있다.

'모닥불 금지! 위반자는 처벌함!'이라는 게시판이 공원 모퉁이에 세워져 있긴 하지만, 사람들 눈에 잘 띄는 장소가 아니라 그런지 별 효과가 없다. 그리고 기마경찰이 공원을 순찰하고 있지만 엄중하게 단속하지 않기 때문에 화재는 끊임없이 일어난다.

나는 언젠가 불이 난 것을 발견하고 마침 눈에 띄는 경관에게 달려가 곧 소방서에 연락을 해 달라고 요청한 일이 있었다. 그런데 놀랍게도 그는 자기 담당구역이 아니기 때문에 그럴 수 없다며 냉담하게 대답하는 것이었다.

그 다음부터 나는 공원을 산책할 때면 공원 보안관이 된 기분으로 행동했다. 그런데 유감스럽게도 숲속에서 모닥불을 피우고 있는 것을 발견하면 정의감에 불타 그만 그릇된 방법을 취하고 말았다. 당장 소년들이 있는 곳으로 달려가 불을 피우면 처벌을 받으니까 어서 끄라고 냉정하고 근엄하게 명령하고 그래도 말을 듣지 않으면 경관을 시켜 체포하게 하겠다고 위협했던 것이다. 소년들의 입장은 조금도 생각지 않고 오로지 내 감정만 앞세워서 말이다.

그 결과는 어떠했는가?

물론 소년들은 내가 시키는 대로 했다. 그러나 속으로는 화가 치밀어 투덜거리며 마지못해서 하는 것이 뻔했다. 내가 가버리고 나면 그들은 곧 다시 불을 피우기 시작했을 것이고, 어쩌면 정말로 큰 화재가 일어나서 공원 전체가 타버리면 시원하겠다고 생각하고 있었을지도 모른다.

그 당시에 비하면 나도 지금은 어느 정도 인간관계를 이해하게 되어 그런대로 상대방의 입장에서 사물을 생각할 수 있게 되었다. 지금이라면 필시 이렇게 말할 것이다.

"얘들아, 무척 재미있어 보이는구나. 무슨 요리를 만드니? 나도 옛날에는 너희들처럼 야외에서 요리 만들기를 좋아했단다. 물론 지금도 좋아하지만 말이야. 그런데 너희들도 잘 알고 있겠지만 불을 피우는 것은 위험한 일이거든.

너희들이야 안 그러겠지만 부주의한 아이들도 있으니까. 너희가 불 피웠던 자리를 보고 그런 아이들도 여기서 불을 피우고 잘 끄지도 않고 돌아가 버리면 어떻게 되겠니? 우리가 다 같이 조심하지 않으면 이 공원은 머잖아 벌거숭이가 될 거야.

여기에서 불을 피우면 엄벌을 받도록 되어있지만 너희가 즐거워하는 모습을 보니 차마 심한 말은 못하겠구나. 대신 근처의 낙엽을 멀리 치워줄래? 그리고 돌아가기 전에 잊지 말고 흙을 덮어서 불을 완전히 꺼 주었으면 좋겠다.

그리고 다음에는 저 언덕 너머에 있는 모래밭에서 불을 피우면 될 거야. 거기라면 화재 염려가 없으니까. 그럼 즐겁게들 놀다 가거라."

같은 말이라도 이런 방법으로 하면 전혀 효과가 다르다. 소년들도 협력하고 싶은 생각이 들 것이다. 강요하는 것이 아니니 불평불만도 없고 소년들의 체면도 서게 된다. 내가 상대방의 입장을 생각함으로써, 나나 소년들이나 다 같이 기분 좋은 결과를 얻을 수 있는 것이다.

다른 사람에게 무엇을 부탁하려고 할 때에는 우선 눈을 감고 상대방의 입장에서 사물을 잘 생각하도록 하라. 이 방법이 좀 귀찮기는 하지만 그렇게만 하면 친구는 점점 늘어나고 좋은 결과를 쉽게 얻을 수 있을 것이다.

하버드 대학의 드넘 교수는 이렇게 말했다.

"나는 일이 있어 사람을 찾아갈 때는, 미리 내가 할 말을 충분히 생각하고 그것에 대해 상대방이 어떻게 대답할 것인지 확실한 예상이 설 때까지는, 두 시간이고 세 시간이고 상대방의 집 앞을 서성거린다. 절대로 아무 생각 없이 그대로 들어가지는 않는다."

이 책을 읽고 상대방의 입장이 되어 사물을 관찰하는 습관만 얻는다면, 이 책은 당신의 생애에 획기적인 역할을 하게 될 것이다.

사람을 설득하는 비결 8

상대방의 관점에서 사물을 보기 위해 성실히 노력하라.

Try honestly to see things from the other person's point of view.

논쟁을 피하고 적대적인 감정을 소멸시키고 상대방이 당신에게 호감을 갖게 하는 마술적인 문구를 가르쳐 주겠다.

"당신이 그렇게 생각하는 것은 당연합니다. 아마 내가 당신이었더라도 그렇게 생각할 겁니다."

아무리 마음씨가 고약한 사람이라도 이쪽에서 이렇게 대답하면 점잖아지게 마련이다. 상대방의 입장에서 생각해 보면 그와 똑같은 생각을 갖게 되기 때문에 이 말은 100% 성의가 담긴 말이 되는 것이다.

만일 당신이나 내가 암흑가의 왕자인 알 카포네와 똑같은 정신과 육체를 타고 났고, 그와 똑같은 환경에서 자랐고, 그와 똑같은 경험을 쌓았다면, 카포네와 조금도 다르지 않은 사람이 되어 그와 똑같은 범죄를 저질렀을 것이다. 알 카포네라는 사람을 만든 것은 바로 그런 것들이었기 때문이다.

당신이나 내가 뱀이 아닌 유일한 이유는 우리의 부모가 뱀이 아니었기 때문이다. 우리가 소에게 키스하지 않고 뱀을 신성하지 여기지 않는 유일한 이유는 우리가 힌두교를 전통 종교로 삼는 집안에서 태어나지 않았기 때문이다.

아무리 마음에 들지 않는 사람이라도 그가 그렇게 된 데에는 충분한 이유가 있기 마련이다. 탓하기에 앞서 그를 불쌍히 생각하고 동정심을 갖고 상대방을 위로하는 마음을 가져라.

우리가 접촉하고 있는 상대방들의 4분의 3 정도는 모두 이러한 동정심에 굶주리고 있다. 그들에게 동정을 주어 보라. 틀림없이 그들은 당신을 좋아하게 될 것이다.

나는 언젠가 《작은 아씨들》의 작가인 루이자 메이 올콧 여사의 이야기를 라디오로 방송한 일이 있다. 물론 나는 그녀가 매사추세츠 주의 콩코드에서 이 불후의 명작을 썼다는 사실을 알고 있었는데도 어찌된 셈인지 뉴햄프셔 주의 콩코드에서 살았다고 말했다. 그것도 한 번이 아니라 두 번씩이나 그런 말을 했으니 내가 생각해도 참 어이가 없는 일이었다.

당장에 날카로운 비난의 편지와 전보들이 빗발치듯 날아들었다. 대부분은 분개하고 있는 내용이었고 모욕적인 것도 더러 있었다. 특히 매사추세츠 주의 콩코드에서 자라고, 필라델피아에 와서 살고 있다는 어떤 부인은 내가 혹시 올콧 여사를 식인종이라고 말했나 싶을 정도로 미친 듯이 분개한 편지를 보냈다. 그

편지를 읽으면서 이런 여자와 결혼하지 않은 것이 얼마나 다행인지 모르겠다고 생각할 정도였다.

나는 편지를 보내 따져볼까 생각했지만 그것은 어떤 멍청이라도 할 수 있는 일이라는 것을 깨달았다. 나는 적의를 호의로 바꾸기로 결심했다. 말하자면 이것은 일종의 놀이다. 나는 나 자신에게 이렇게 타일렀다.

"만일 내가 그녀 입장이었다면 나도 역시 그녀와 똑같이 느꼈을 거야."

그러고 나서 얼마 뒤에 나는 필라델피아에 가게 되었다. 나는 필라델피아에 있는 동안 그녀에게 전화를 걸었다.

"안녕하세요? 일전에 보내주신 편지는 잘 받았습니다. 감사를 드리고 싶어서 실례를 무릅쓰고 전화 드렸습니다."

"실례지만 누구세요?"

전화 속에서 깔끔하고 우아한 목소리가 대답했다.

"저는 데일 카네기라는 사람입니다. 일전에 제가 올콧 여사에 대한 방송을 할 때, 매사추세츠와 뉴햄프셔를 혼동하여 터무니없는 실수를 저지른 것에 대해 친절하게 편지를 보내 주셨죠? 정말 감사합니다."

"아…, 그때는 제가 정말 실례했습니다. 편지가 너무 무례했어요. 죄송합니다."

"아닙니다. 부인께서 사과하실 건 전혀 없습니다. 초등학생들도 알고 있는 사실을 제가 잘못 말했으니까요. 부랴부랴 그 다음 일요일 방송에서 사과를 했습니다만 부인께는 직접 사과하고 싶었습니다."

"저는 매사추세츠 주의 콩코드에서 태어났어요. 원래 우리 집안은 매사추세츠에서도 이름 있는 오래된 가문이기 때문에 저는 제가 태어난 주에 대한 자부심이 대단하거든요. 그래서 선생님 방송을 듣고 너무나 격분해서 그런 편지를 썼던 건데 제가 너무 경솔했습니다. 정말 부끄럽네요."

"천만에요, 부끄러운 것은 저입니다. 제가 잘못 말했다고 특별히 매사추세츠 주의 명예가 손상되는 것은 아니지만 저도 무척 마음이 아팠습니다. 정말 부인께서 잘 지적해 주셨습니다. 앞으로도 계속 지도해 주시기 바랍니다."

"그렇게 무례한 편지를 받고도 조금도 화를 내시지 않는 걸 보니, 선생님은 틀림없이 훌륭한 분입니다. 저야말로 선생님께 잘 부탁드리는 바입니다."

나는 일시적인 노여움을 참아 낸 덕분에 상쾌한 기분이 되었다.

역대 대통령들은 날마다 까다로운 대인관계 문제에 당면하게 된다. 태프트 대통령도 예외일 수는 없었다. 그는 경험을 통해 반감을 중화시키는 데는 동정이 절대적인 힘을 가지고 있다는 사실을 알았다. 그는 그의 저서 《봉사의 윤리학》에서 다른 사람의 반감을 어떻게 중화시켰는지 이렇게 썼다.

워싱턴에 사는 어떤 부인이 자기 아들에게 어떤 자리를 달라고 6주일 동안 날마다 나를 찾아왔다. 그녀의 남편은 정계에서도 꽤 이름이 통하는 사나이였다. 그녀는 상하원의 많은 의원들을 동원해 맹렬한 운동을 계속했다. 하지만 전문적인 기술을 필요로 하는 자리였기 때문에 나는 그 부처의 책임자의 추천에 따라 다른 사람을 임명했다.

그 부인에게서 원망이 가득 담긴 편지가 왔다. 내가 마음만 먹으면 얼마든지 들어줄 수 있는 사소한 청을 들어주지 않은 것은 은혜를 배반한 짓이라면서, 내가 특히 관심을 기울이고 있던 법안을 통과시키기 위해 노력할 때 자기가 지역구 출신 국회의원들을 설득해서 그 법안을 지지하도록 했는데 은혜를 원수로 갚았다는 것이었다.

나는 화가 나서 그 무례함을 따끔하게 지적해 주려고 곧 반박의 편지를 썼다. 하지만 현명한 사람은 그런 편지를 바로 보내지 않는 법이다. 나는 편지를 책상 서랍 속에 넣고 잠가 두었다가 며칠 뒤에 다시 읽어보았다. 며칠 늦게 보내도 상관 없는 편지였고, 그리고 이렇게 생각할 시간을 두었다가 다시 읽어 보면 대체로 보내고 싶은 생각이 없어지게 마련이다.

나는 편지를 다시 공손하게 고쳐 썼다.

이번 일로 무척 실망하셨으리라 생각하지만 전문적인 기술이 필요한 자리의 인사문제는 내 마음대로 할 수 없고 국장의 추천에 따를 수밖에 없으니 양해해 달라고 부탁하고, 그녀의 아들은 앞으로도 충분히 기회가 있을 것이라고 강조해 두었다.

그러자 그녀에게서 무례한 편지를 보낸 것을 사과하는 짧은 답장이 왔다.

그런데 웬일인지 내가 임명하기로 결정한 사나이의 발령이 좀 지연되자 이번에는 그녀의 남편에게서 편지가 왔다. 하지만 먼저 편지와 같은 필적이었고, 그때 이후로 그의 아내는 실망한 나머지 신경쇠약과 위암 증세가 생겨서 지금 앓아누워 있다는 내용이었다.

물론 내가 그녀의 아들을 그 자리에 임명하면 그녀의 병이 낫겠지만 그럴 수는 없었다. 나는 다시 그녀의 남편 앞으로 편지를 썼다. 의사의 진단이 오진이기를 빌고 있으며, 그녀의 병은 안타까운 일이지만 인사문제는 변경할 수 없다고 했다. 그때는 이미 사령장도 나간 뒤였던 것이다.

그리고 이틀 뒤에 백악관에서 음악회가 열렸다. 그런데 제일 먼저 우리 부부에게 인사를 한 것은 그들 부부였다. 그의 아내는 이틀 전만 해도 병석에 누워 앓고 있었다고 했는데 말이다.

아더 게이츠 박사는 그의 유명한 저서 《교육심리학》에서 이렇게 썼다.

인간은 대부분 동정을 바란다. 그래서 어린아이들이 상처를 보여 주고 싶어 하는 것이다. 때로는 동정을 받고 싶은 나머지 스스로 제 몸에 상처를 내는 일조차 있다. 어른들도 마찬가지다. 상처를 보여 주고 싶어 하고, 불행과 병을 얘기하고 싶어 한다. 특히 수술을 받았을 때의 얘기는 자세히 말하고 싶어 한다. 불행한 자신에 대해 자기연민을 느끼고 싶어 하는 마음은 정도의 차이는 있지만 누구에게나 있다.

사람을 설득하는 비결 9

다른 사람의 생각과 욕구에 공감하라.

Be sympathetic with the other person's ideas and desires.

10. 아름다운 마음에 호소하라

나는 악명 높은 도둑 제시 제임스가 활동하던 미주리 주의 변두리에서 자랐는데, 커니 지방에 있는 제임스 농장을 찾아간 적이 있었다.

그 당시에는 제시 제임스의 아들이 그곳에 살고 있었다. 제임스의 며느리는 나에게 제임스가 열차나 은행을 습격했을 때의 상황과 강탈한 돈을 이웃의 가난한 농부들에게 나누어 준 이야기를 아주 자세하게 해주었다.

제시 제임스도 쌍권총 크로울리나 알 카포네처럼 자기는 이상주의자라고 생각하고 있었던 모양이다. 아무튼 분명한 사실은 인간은 누구나 자기 자신을 인간미 넘치는 훌륭한 사람이라고 생각하고 싶어 한다는 것이다,

미국의 대은행가이자 미술품 수집가로 유명한 J. P. 모건은 인간의 행위에는 이렇게 말했다.

"인간의 행위에는 대개 두 가지 이유가 있는데, 하나는 아름답게 윤색된 이유이고, 다른 하나는 진짜 이유이다. 그리고 누가 뭐래도 본인은 진짜 이유가 무엇인지 잘 알고 있다."

인간은 누구나 이상주의적인 경향을 가지고 있어서 자신의 행위에 대해 아름답게 윤색된 이유를 붙이려고 한다. 그러므로 상대방의 생각을 바꾸는 데는 아름다운 이유를 붙이고 싶어 하는 마음에 호소하는 것이 효과적이다.

이것을 장사에 응용하면 어떻게 될까?

펜실베이니아 주의 그레놀덴에서 임대아파트 사업을 하고 있는 헤밀튼 파렐르 씨의 경우를 검토해 보자.

파렐르의 아파트에 계약기간이 아직 4개월이나 남았는데도 이사하겠다는 사람이 있었다. 임대료는 월 55달러였다. 다음은 파렐르 씨가 우리 강좌에서 공개한 이야기다.

그의 가족은 우리 아파트에서 한겨울을 지냈습니다. 겨울은 1년 중에서 경비가 가장 많이 드는 시기인데다 가을까지는 새 입주자가 나타나기 어려울 것이고, 내 입장에서 보면 220달러가 그냥 날아가 버리는 셈이었죠.

나는 화가 났습니다. 전 같으면 당장 계약서를 들이대고 이사할 거면 나머지 계약기간의 집세를 모두 지불하고 가라고 위협했을 테지만 이번에는 소동을 일으키지 않고 해결하는 방법은 없을까 생각했습니다. 나는 그를 찾아가 이렇게 말했습니다.

"말씀은 잘 알겠습니다만 나는 아무래도 선생이 정말로 이사하실 거라고는 생각되지 않습니다. 오랫동안 이 일을 하다 보니사람 보는 눈이 생겼는데 아무리 봐도 선생은 약속을 어길 분이아니거든요. 아무튼 이 문제는 이삼 일 더 생각해 보고 결정합시다. 그때도 역시 마음이 바뀌지 않는다면 내 판단이 틀렸다고 단념할 수밖에 없겠죠. 나는 선생이 약속을 어기실 그런 분이 아니라고 확신하고 있습니다만 사람은 잘못 생각하는 일도 있으니까요."

며칠 뒤, 그는 직접 집세를 가지고 와서 부인과 충분히 상의한끝에 이사를 하지 않기로 결정했다고 말했습니다. 계약을 지키는 것이 인간으로서 가장 중요한 일이라는 결론을 내렸다는 것이었습니다.

노스크리프 경은 언젠가 공개하고 싶지 않은 자기 사진이 어떤신문에 게재되어 있는 것을 보고 그 신문사 편집장에게 편지를보냈다. 하지만 그는 분노를 터뜨리며 '그 사진은 내 마음에 들지 않으니 다시는 신문에 게재하지 마시오'라고 쓰는 대신 보다차원 높은 동기에 호소하여, '그 사진은 신문에 발표하지 않도록해 주시기 바랍니다. 어머니가 몹시 싫어하시는 사진이거든요'라고 썼다. 누구나 갖고 있는 어머니에 대한 존경과 애정이라는아름다운 마음에 호소했던 것이다.

록펠러 2세도 자기 아이들의 사진이 신문에 실리는 것을 막기 위해 인간의 아름다운 마음에 호소했다. 그 역시 '아이들의 사진을 신문에 발표하지 마시오'라고 말하는 대신 아이들을 보호하려는 부모의 공통된 심정에 호소했다.

"아이들이 있는 분들이라면 잘 이해하리라 생각합니다만 아이들의 얼굴이 공개되는 것은 아이들에게 위험할 수도 있고, 여러 모로 좋지 않다고 생각합니다."

〈선데이 이브닝 포스트〉지와 〈레이디스 홈 저널〉지의 창설자 사이러스 커티스는 메인 주의 가난한 집안에서 태어나 백만장자가 된 입지전적인 인물이다. 처음에 그는 다른 잡지사와 같은 수준의 원고료를 지불할 능력이 없었다. 더구나 일류 작가라면 어림도 없었기 때문에 그는 아름다운 마음에 호소했다.

예를 들면 당시 최고의 인기 작가였던 올콧 여사에게 꼭 원고를 써 주기 바란다고 부탁하고 나서 100달러짜리 수표를 끊었는데, 그 수표를 그녀에게 직접 주는 것이 아니라 그녀가 열심히 참여하고 있는 자선단체에 보내는 방법을 취했다. 물론 결과는 대 성공이었다.

독자들 중에는 그런 수법이 까다로운 사람에게도 통용될 수 있을까라는 의문을 갖는 사람이 더러 있을지 모른다.

물론 당연한 말이다. 통하지 않는 사람도 분명히 있을 것이다. 만일 당신이 이보다 더 좋은 방법을 알고 있고 그 결과에 만족하고 있다면 이런 방법을 굳이 쓸 필요는 없다. 그러나 그렇지가 않다면 이 방법을 한번 시험해 보는 것도 좋을 것이다.

다음은 제임스 토머스가 내 강좌에서 발표한 이야기이다.

그가 다니는 자동차회사의 고객 중 6명이 수리비를 지불하지 않고 있었다. 청구액 모두에 대해서 반대하는 사람은 없었지만, 각각 그 일부가 부당하다는 것이었다. 회사 측에서는 수리할 때마다 사인을 받아 두었기 때문에 절대로 잘못이 없다고 믿고 있었으며 손님에게도 그렇게 말했다. 그 회사에서는 다음과 같은 방식으로 미불금을 거두고 있었다.

1단계 - 수금사원이 방문하여 독촉장을 들이밀고 몇 달이 지났으니 이 달에는 꼭 지불해 달라고 강력하게 말했다.
2단계 - 청구서에는 절대로 틀린 점이 없다는 점을 분명히 설명했다.
3단계 - 자동차에 대해서는 회사가 고객보다 훨씬 잘 알고 있다는 점을 설명했다.

하지만 결과는 언제나 심한 말싸움으로 끝났다. 결국 수금 팀에서 법적 조치를 취해야 하지 않겠느냐고 떠들었고, 지배인은 최종적으로 토머스 씨를 불러 이 문제를 해결하도록 명령했다.

토머스가 취한 방법은 다음과 같았다.

1단계 – 미불금에 대해서는 한 마디도 하지 않고 다만 지금까지 회사 측이 취한 서비스 상태를 조사하려고 방문했다고 말했다.

2단계 – 고객의 말을 듣고 싶다고 말하고, 회사 측에도 실수가 있을지 모른다고 말했다.

3단계 – 고객의 자동차에 대해서는 고객 자신이 누구보다 잘 알고 있다고 말했다.

4단계 – 고객이 말하는 동안 관심과 흥미를 가지고 귀를 기울였다.

5단계 – 고객이 냉정을 되찾은 것을 확인하고 고객의 공정한 판단에 호소했다.

토머스가 5단계에서 호소한 내용은 이러했다.

"그동안 심려를 끼쳐 대단히 죄송합니다. 수금원들의 그런 태도에 무척 기분이 상하셨을 겁니다. 저였더라도 그런 식으로 독촉을 받았다면 화가 났을 겁니다. 회사를 대표해서 깊이 사과드립니다. 말씀을 듣는 동안 저는 선생님의 공정하고 너그러운 인품을 존경하게 되었습니다. 이 청구서에 대해서는 선생님이 가장 잘 알고 계실 테니 직접 정정해 주시면 저도 안심이 되겠습니다. 선생님이 저희 회사 사장이라 생각하시고 정정해 주세요. 그러면 그대로 처리하겠습니다."

이 방법은 훌륭한 성과를 거두었다. 6명의 고객 중 단 한 사람은 끝내 청구서가 잘못되었다며 대금 일부를 지불하지 않았지만, 나머지 5명은 모두 기분 좋게 전액을 지불해 주었다. 더구나 주목해야 할 것은 그 후 2년 안에 이 6명의 고객이 각각 새 자동차를 주문한 것이다.

토머스 씨는 이에 대해 다음과 같이 말했다.

"상대방에 대해서 정확히 판단할 수 없을 때는, 일단 그를 훌륭한 신사로 보고 거래를 진행하면 거의 틀림이 없다는 사실을 나는 경험을 통해서 깨달았습니다. 인간은 대개 정직하고 의무를 다하려는 마음을 가지고 있고 그 예외는 비교적 적거든요. 아무리 속이기 잘하는 인간이라도 상대방에게서 진정으로 신뢰를 받고 정직하고 공정한 사람으로 대접받게 되면 부정한 일은 할 수 없는 법입니다."

사람을 설득하는 비결 10

보다 고상한 동기에 호소하라.

Appeal to the nobler motives.

II. 생각을 연출하라

수년 전, 〈필라델피아 이브닝 블루틴〉 신문은 중대한 위기에 직면했다.

이 신문은 돈벌이에 눈이 멀어서 지면이 온통 광고로 가득 채워져 있고 기사는 몹시 적어서 읽을거리라곤 눈을 씻고 찾아봐도 없으며, 광고를 내도 효과가 없다는 악의에 찬 소문이 유포되었던 것이다. 신문사로서는 시급히 대책을 강구하여 소문을 근절시키지 않으면 안 되었다.

이에 신문사가 취한 방법은 다음과 같다.

신문사는 신문에서 그날그날의 기사만을 뽑아내어 《하루》라는 제목의 책으로 출판하고 307페이지나 되는 책을 단돈 2센트에 팔았다. 그 결과 이 책은 불티나게 팔렸고 〈필라델피아 이브닝 블루틴〉 신문에는 읽을 만한 기사가 많이 실려 있다는 사실을 100% 주지시켰다.

이 얼마나 인상적인 연극인가! 단순히 숫자를 나열하거나 설명을 늘어놓아 가지고는 며칠이 걸려도 해내지 못할 일을 단번에 해치운 것이다.

뉴욕 대학의 리처드 버튼과 알빈 버스는 1만 5천 건의 상담을 분석해 《대화에 이기는 법》이라는 책을 냈다. 그리고 같은 원리를 〈판매의 6원칙〉이라는 제목으로 강연하였으며, 나중에는 이 원리를 영화로 만들어 대회사의 세일즈맨들에게 보여주었다. 그들은 연구의 결과를 단순히 설명하는 것으로 그치지 않고 청중 앞에서 실제로 언쟁을 하게 하여 판매의 옳은 방법과 옳지 못한 방법을 가르쳤던 것이다.

현대는 연출의 시대다. 단순히 사실을 설명하는 것만으로는 부족하다. 사실에 생동감과 흥미를 곁들여 연출하지 않으면 안 된다. 영화, 라디오, 텔레비전 등은 모두 이 수법을 쓰고 있다. 사람들의 주의를 끄는 데는 이 방법이 제일 효과적이다.

쇼윈도의 장식을 전문으로 하고 있는 사람이라면 이 연출의 효과를 잘 알고 있을 것이다. 예를 들어, 새로운 쥐약을 만드는 회사에서 소매점 쇼윈도에 살아 있는 쥐 두 마리를 장식으로 사용한 일이 있는데 이러한 마케팅 방법을 사용한 주일에는 매출이 평소보다 5배나 신장되었다고 한다.

〈아메리칸 위클리〉 주간지의 제임스 보인턴은 방대한 시장조사 보고서를 제출해야 했다. 어느 일류 콜드크림 제조회사가 제품의 가격 인하 여부를 결정하기 위해 자료가 급히 필요하다고 요청해온 것이다. 그는 조사 결과를 정리하여 의뢰자에게 제출하러 갔다. 그런데 의뢰자는 이 업계의 거물로 꽤 까다로운 사람이었다. 보인턴이 처음 보고서를 가지고 갔을 때는 실패였다. 그의 이야기를 소개하겠다.

첫 번째 갔을 때 우리는 조사방법에 대해서 정말 쓸데없는 논쟁을 벌였습니다. 논쟁 끝에 나는 상대방의 콧대를 꺾어 놓고 쾌재를 불렀지만 결과적으로는 시간만 낭비한 꼴이었습니다.

두 번째 갔을 때 나는 숫자나 도표와 같은 자료에 구애되지 않고 조사한 사실을 극적으로 연출해 보였습니다.

내가 그의 방에 들어갔을 때 그는 마침 통화중이었습니다. 통화가 끝나기를 기다리면서 나는 가방 속에서 32개의 콜드크림 병을 꺼내어 그의 책상 위에 늘어놓았습니다. 그가 알고 있는 모든 제품, 즉 그의 경쟁 회사 제품을 전부 진열해 놓은 것입니다. 모든 병에는 각각 조사결과를 요약한 표가 붙어 있어서 각각의 판매 상태를 간명하고도 극적으로 말해 주고 있었습니다.

그 효과는 놀라웠습니다. 지난번과 같은 논쟁이 일어날 여지는 전혀 없었죠. 그는 병을 하나하나 집어 들어 거기에 붙은 표를 천천히 읽었습니다. 이윽고 그와 나 사이에는 부드러운 대화가 오갔고 질문하는 것도 아주 간단한 것들이었습니다. 10분으로 정해져 있던 면담은 20분이 되고, 40분, 한 시간이 되었습니다.

내가 제공한 것은 사실 지난번과 똑같은 것이었지만 이렇게 연출한 것만으로 전혀 다른 효과를 얻어낸 것이었습니다.

사람을 설득하는 비결 11

당신의 생각을 극적으로 연출하라.

Dramatize your ideas.

---

12. 경쟁심을 자극하라

찰스 슈웹은 도무지 실적이 오르지 않는 공장을 시찰하면서 공장장에게 물었다.

"자네는 상당히 유능한 사람으로 알고 있는데 이렇게 실적이 오르지 않으니 웬 일이지?"

"글쎄요. 저도 알 수가 없습니다. 어르고 달래고 추켜세우고 온갖 수단을 다 써 봐도 직원들이 도무지 일을 하지 않습니다."

마침 그때 주간반과 야간반의 교대시간이 되었다.

슈웹은 분필 한 개를 손에 들고 있다가 퇴근하는 직원을 붙잡고 물었다.

"주간반은 오늘 주물을 몇 번 부었지?"

"여섯 번입니다."

슈웹은 아무 말도 하지 않고, 마룻바닥에 큼지막하게 6이라는 숫자를 써 놓고 가버렸다.

야간반 직원들이 안으로 들어오다가 이 숫자를 발견하고 이게 뭐냐고 주간반 직원에게 물었다.

"나도 몰라. 오늘 주물을 몇 번 부었느냐고 묻기에 여섯 번이라고 대답했더니 이렇게 6자를 써 놓고 갔어."

슈웹은 이튿날 아침에 다시 왔다. 그랬더니 야간반이 6자를 지우고 더 크게 7자를 써 놓았다.

주간반이 출근해 보니 마루에 7자가 크게 적혀 있었다. 야간반이 자기들보다 성적을 더 올린 것이다. 이에 주간반 직원들은 경쟁의식에 불타 부지런히 일해 퇴근할 때는 10자를 써 놓았다. 덕분에 실적은 하루가 다르게 쑥쑥 올라갔고, 성적이 가장 불량했던 이 공장은 다른 공장들을 다 누르고 생산율 제1위를 차지하게 되었다.

이에 대해 슈웹 자신은 이렇게 말했다.

"일을 잘 하게 하려면 경쟁심을 자극해야 합니다. 단, 돈벌이에 대한 경쟁심이 아니라 다른 사람보다 뛰어나고 싶은 경쟁심이어야 하죠."

이 경쟁의식에 자극되지 않았더라면 시어도어 루즈벨트도 대통령이 되지 못했을 것이다.

미서전쟁(1898년에 일어난 미국과 스페인과의 전쟁)이 끝나고 돌아오자 그는 곧 뉴욕 주지사에 선출되었다. 그런데 반대파가 루즈벨트는 법적으로 뉴욕 주 거주민 자격이 없다고 주장했다. 루즈벨트는 당황해서 사퇴하려 했다. 그러자 토머스 플래트 당수가 버럭 소리를 질렀다.

"산후안의 영웅이 이렇게 겁쟁이던가!"

이 말을 듣고 루즈벨트는 반대파와 싸우기로 결심했다. 그 이후의 일은 역사가 말해 주고 있다. 루즈벨트의 경쟁의식을 자극한 이 한마디가 그의 생애를 바꾸어 놓았을 뿐 아니라, 미국의 역사에도 중대한 영향을 끼친 것이다.

알 스미스가 뉴욕 주지사로 있을 때, 악명 높은 싱싱 교도소 소장을 맡길 사람이 없어 골치를 썩은 일이 있었다. 당시의 싱싱 교도소는 내부적으로 몹시 부패한 교도소라는 지독한 악평이 세상에 나돌 때였다. 스미스는 싱싱 교도소를 통제할 수 있는 강력한 인물이 필요했다. 찾고 찾은 끝에 물망에 오른 것이 뉴 햄프턴에 살고 있는 루이스 로즈였다.

스미스는 로즈를 불러 이렇게 말했다.

"자네가 싱싱 교도소를 맡아 보지 않겠나? 상당한 경험이 있는 사람이라야 하니까 말이야."

로즈는 당황했다. 싱싱 교도소 소장이라면 좀 생각해 봐야 할 문제였던 것이다. 교도소 내의 부패도 문제지만 정치바람이 엄청나게 세다는 것이 더 문제였다. 그곳의 소장은 끊임없이 교체되었고 심지어 3개월도 못간 예도 있었다.

스미스는 몸을 뒤로 젖히고 웃으면서 말했다.

"자네가 망설이는 건 당연해. 이해하네. 그 자리는 정말 힘든 자리라 웬만한 거물이 아니고는 절대로 해낼 수 없을 테니."

로즈는 '웬만한 거물이 아니고는 절대로해낼 수 없는' 일을 해내고 싶은 생각이 들었다.

로즈는 곧 부임하여 열과 성을 다해 일했다. 그 결과 이제는 그의 이름을 모르는 사람이 없을 정도로 유명한 사람이 되었고, 그의 저서《싱싱 교도소에서의 만 2년》이라는 책은 수십만 부나 팔렸다. 그는 라디오 방송에도 출연했으며, 그의 저서를 자료로 한 영화도 몇 편이나 제작되었다. 그리고 무엇보다도 중요한 것은, 그의 '죄수 대우 개선론'이 교도소 행정에 기적적인 개혁을 가져다주었다는 것이다.

파이어스턴 고무회사의 창설자인 하베이 파이어스턴 씨는 이렇게 말했다.

"월급만 많이 준다고 사람이 모여들고 인재가 확보되는 것은 아니다. 일 자체가 그렇게 한다."

가장 위대한 행동과학자의 한 사람인 프레드릭 헤르츠버그의 의견도 이와 똑같다. 헤르츠버그는 공장 노동자에서 최고 경영자에 이르기까지 다양한 사람들의 근무 태도에 대해 깊이 연구했다. 당신은 헤르츠버그가 발견한 동기 유발의 가장 큰 요인이 무엇이라고 생각하는가?

일에 있어서 사람들이 가장 보람을 느끼는 요소는 무엇일까? 돈? 근무 조건? 보너스? 아니다. 사람들에게 동기를 유발시키는 가장 주된 요인은 일 그 자체였다.

일 자체가 신나고 재미있으면 사람들은 누구나 더 잘 해보려는 동기를 갖게 된다. 일 자체에 자기표현의 기회가 있기 때문이다. 마음껏 실력을 발휘하여 자기의 가치를 증명하고, 남보다 뛰어나고 싶고, 이기고 싶어 하는 기회가 되는 것이다.

상대방을 설득하는 비결 12
도전 정신을 불러일으켜라.
Throw down a challenge.

Part 4

잘못을 바로잡는
아홉 가지 비결

내 친구가 쿨리지 대통령의 초대를 받아 백악관을 방문했을 때의 일이다. 그가 대통령의 사무실에 들어섰을 때 대통령은 마침 여비서에게 이렇게 말하고 있었다.

"옷이 아주 멋지군. 아주 잘 어울려!"

무뚝뚝한 쿨리지 대통령에게 뜻밖의 칭찬을 받은 여비서는 순간 당황해서 뭐라 대답도 못하고 얼굴만 빨개졌다. 그러자 대통령은 이렇게 말했다.

"그렇게 어려워할 거 없어. 마음을 좀 풀어 주려고 한 말이니까. 앞으로는 서류의 구두점에 좀 주의를 해주기 바라네."

그의 수법은 좀 노골적이었는지는 모르지만 심리적인 효과라는 점에서는 만점이다. 사람이란 칭찬을 받고 난 뒤에는 불쾌한 말을 들어도 그다지 비위에 거슬리지 않는 법이니까 말이다. 이발사도 면도를 하기 전에 비누거품을 먼저 칠하지 않던가!

1896년에 매킨리가 대통령 선거에 입후보했을 때도 이런 방법을 사용했다.

유명한 공화당원이 선거연설의 초고를 써가지고 와서 전례 없는 명연설이 될 것이라고 자화자찬하며 매킨리에게 읽어 주었다. 매킨리가 들어 보니 잘된 부분도 있었지만 전체적으로 볼 때 훌륭한 것은 아니었고 게다가 그대로 연설했다가는 비난의 폭풍을 불러일으킬 게 뻔한 부분도 있었다.

매킨리는 그의 자존심과 열의를 존중하면서도 연설문에 대해서는 거절해야 하는 상황이었다. 그리고 매킨리는 이 어려운 일을 멋지게 해냈다.

"야, 그거 참 잘 멋지군. 정말 훌륭한 연설문이야. 아주 좋아. 이런 연설문을 쓸 수 있는 사람은 아마 자네 말고는 없을 거야. 적당한 경우에 사용하기만 한다면 틀림없이 100%의 효과가 있을 거야. 하지만 이번 선거의 경우에는 좀 어떨까 싶은 생각이 드네. 물론 자네 입장에서 보면 이보다 더 훌륭할 수 없겠지만, 지금은 우리 당 전체의 입장에서 봐야 하니까 말이야. 미안하지만 내 취지에 따라서 다시 한 번만 써 주지 않겠나? 다 되거든 내게로 보내 주게."

상대방은 자존심을 조금도 상하지 않았고 매킨리가 일러 준대로 연설문을 다시 작성해 왔다. 그리고 그는 그 뒤로 계속 유능한 찬조 연사로서 크게 활약했다.

에이브러햄 링컨이 쓴 두 번째로 유명한 편지를 여기에 소개하겠다. (가장 유명한 편지는 다섯 명의 아들을 전쟁터에서 잃은 빅스비 부인에게 보낸 애도의 편지다) 링컨이 불과 5분 만에 급하게 쓴 이 편지는 1926년 경매에서 무려 1만2천 달러에 팔렸다. 링컨이 50년 동안 벌어서 저축한 액수보다도 많은 돈이다.

이 편지는 남북전쟁에서 북군의 패색이 짙어가던 1863년 4월 26일에 쓴 것이다. 북군은 작전 착오로 인해 1년 6개월 동안이나 계속 참패하고 있었다. 사상자의 수는 계속 늘어가고 국민들은 실망에 빠져 있었다. 수천 명의 탈영병들이 생겼고 공화당의 상원의원까지도 링컨의 퇴진을 요구하고 나섰다.

링컨 자신이 '우리의 운명은 파멸의 심연에 직면하고 있다. 하나님의 가호도 바랄 수 없고, 한 줄기 희망의 빛마저 찾을 수가 없다'고 한탄하던 바로 그 시기에 쓴 이 편지는 국가의 운명이 한 장군의 어깨에 걸려 있는 위급한 때에, 링컨은 어떻게 그 완고한 장군의 생각을 돌려놓았는지를 잘 보여주고 있다.

이 편지는 링컨이 대통령 취임 이후에 쓴 편지 중에서 가장 통렬한 것이다. 그런데도 후커 장군의 중대한 과오를 책망하기 전에 그를 칭찬하고 있는 점은 주목할 만하다.

그의 과실은 중대한 것이었다. 하지만 링컨은 '본인이 귀관의 태도에 대하여 꼭 만족하다고는 할 수 없는 점이 약간 있다는 사실도 기억해 주시기 바랍니다'라고 썼을 뿐이었다. 이 얼마나 신중하고 외교적인 표현인가?

링컨이 후커 장군에게 보낸 편지는 다음과 같다.

본인은 귀관을 포토맥 전선의 지휘관으로 임명했습니다. 물론 본인은 확신을 가지고 그렇게 결정했습니다만, 귀관의 태도에 대해서는 꼭 만족하다고는 할 수 없는 점이 약간 있다는 사실도 기억해 주시기 바랍니다.

본인은 귀관이 용감하고 훌륭한 군인임을 확신하고 있습니다. 물론 본인은 그런 군인을 좋아합니다. 본인은 귀관이 정치와 군사를 혼동하지 않는 인물이라는 것도 확신하고 있습니다. 그것은 정당한 일입니다. 귀관은 절대적인 자신감을 갖고 있습니다. 이것도 꼭 필요하다고는 할 수 없을지라도 크게 존중할 만하다고 생각합니다. 귀관에게는 야심적인 의욕이 있습니다. 이것은 한도를 벗어나지만 않는다면 매우 훌륭한 일입니다. 하지만 귀관은 번사이드 장군 지휘 하에 있을 때 공을 서두른 나머지 명령을 위반하고 임의로 행동하여 국가와 명예 있는 장군에 대해 중대한 과오를 범했습니다.

귀관이 정치와 군사에 있어서 독재자의 필요성을 역설하고 있다고 들었으면서도 귀관을 지휘관으로 임명한 것은 결코 귀관의 의견에 동의한 결과는 아니었습니다. 독재권을 인정하려면 그것에 의해서 성공이 보증되어야만 합니다. 본인이 귀관에게 희망하는 것은 우선 군사적으로 성공하는 일입니다. 그것을 위해서라면 독재권을 사용해도 좋다고 생각합니다.

앞으로도 정부는 전력을 기울여 다른 지휘관과 마찬가지로 귀관을 원조할 것입니다. 그러나 본인은 귀관의 언동에 영향을 받아 군대 내에서 상관을 비난하는 풍조가 일어나, 마침내는 그것이 귀관에게로 방향을 돌릴 것을 우려하고 있으며, 그런 사태의 발생을 방지하고 싶습니다.

군대 내에 그런 풍조가 일어난다면 나폴레옹이라도 우수한 군대를 만들 수는 없을 것입니다. 경거망동을 삼가고 최후의 승리를 거둘 수 있도록 전력을 기울여 주시기 바랍니다.

우리는 쿨리지도, 매킨리도, 링컨도 아니다. 단지 우리가 알고 싶은 것은 이런 방법이 일상생활이나 사업상에 어떤 효과를 거둘 수 있느냐 하는 점이다.

그러면 여기에서 필라델피아의 워크 건설회사의 고우 씨의 예를 들어보자. 고우 씨는 우리와 같은 보통 사람이다.

워크 회사에서는 의뢰받은 건축공사를 지정된 기일까지 완공하려고 일을 서둘고 있었다. 만사가 예정대로 잘 진행되고 있었는데 준공 직전에 갑자기 브레이크가 걸렸다. 건물 외부장식에 사용하는 청동장식을 맡은 하청업자에게서 도저히 기일 안에 납품할 수 없다는 통지가 왔던 것이다. 기일을 맞추지 못하면 엄청난 손해를 볼 수밖에 없는 상황이었는데 하청업자 한 사람 때문에 그동안의 모든 노력이 허사가 될 형편이었다.

장거리 전화를 걸어 소란을 피워 봤지만 아무 소용이 없었다. 고우 씨는 호랑이를 잡으려면 호랑이굴에 들어가야 한다는 마음으로 곧장 뉴욕을 향해 출발했다.

고우 씨는 그 회사의 사장실에 들어가자마자 이렇게 말했다.

"이 브루클린에는 사장님과 똑같은 성을 가진 분은 하나도 없더군요."

"그래요? 근데 그걸 어떻게 알았어요?"

사장의 놀라는 기색을 보고 고우 씨는 이렇게 설명했다.

"오늘 아침에 이곳에 도착하자마자 사장님 주소를 알기 위해 전화번호부를 찾아봤는데 사장님과 성이 같은 분은 한 사람도 없더라구요."

"아, 그래요? 그건 나도 지금까지 몰랐는데요."

사장은 전화번호부를 뒤적여 보더니 말을 이었다.

"정말 그렇군요. 희귀한 성이긴 하죠. 우리 조상은 200년 전에 네덜란드에서 이곳 뉴욕으로 건너 왔답니다."

그는 자랑스러운 듯이 자기 가족과 조상에 대한 얘기를 늘어놓았다. 그의 이야기가 끝나자 고우 씨는 이번에는 그 공장의 규모와 시설을 칭찬했다.

"참, 훌륭한 공장이군요. 규모도 크고 시설도 잘 되어 있고, 청동공장으로는 일류로군요."

"나는 이 사업에 일생을 바쳐 왔습니다. 공장을 한번 돌아보시겠어요?"

공장을 돌아보면서 고우 씨는 그 시설과 시스템이 다른 동업자들과는 경쟁이 안 될 만큼 우수하다고 칭찬했다. 그가 한쪽에 있는 낯선 기계를 보고 감탄하자, 사장은 그 기계는 자기가 발명한 것이라면서 자랑스럽게 직접 그 기계를 가동시켜 보여주었다.

공장 구경이 끝나자 사장은 점심을 함께 하자고 청했다. 그때까지도 고우 씨는 용건에 대해서는 한 마디도 하지 않고 있었다. 점심을 먹고 나자 사장이 먼저 말했다.

"이제 장사 얘기를 할까요? 물론 나는 당신이 찾아온 목적을 잘 알고 있습니다. 당신과 이렇게 즐겁게 얘기하게 될 거라고는 전혀 생각 못했지만요. 다른 주문 기일을 늦춰서라도 기일 안에 틀림없이 납품해 드릴 테니 안심하고 돌아가세요."

고우 씨는 일에 대해서는 한 마디도 하지 않고 목적을 달성한 것이다. 만일 이때 고우 씨가 세상 사람들이 흔히 그러는 것처럼 강경책을 취했다면 그 결과는 어떻게 되었을까?

잘못을 바로잡는 비결 1
칭찬과 성실한 감사의 말로 시작하라.
Begin with praise and honest appreciation.

2. 간접적으로 주의를 주어라

어느 날 찰스 슈웹은 제철공장을 둘러보다가 '금연'이라는 표지가 붙어 있는 담 밑에서 공장 직원 몇 사람이 모여서 담배를 피우고 있는 장면을 보게 되었다.

보통 사람들이라면 당연히 "자네들에겐 저 글자가 안보이나?"하고 호통을 쳤겠지만 슈웹이 누군가? 그는 절대로 그럴 사람이 아니었다. 그는 공장 직원들에게로 다가가서 담배를 한 개비씩 나누어 주며 이렇게 말했다.

"이제부터는 밖에 나가서 피워주면 참 고맙겠네."

그들이 금지사항을 위반한 것에 대해서는 한 마디도 말하지 않고 오히려 담배를 나눠주며 체면을 세워 주는 사람을 어떻게 좋아하지 않겠는가!

존 워너메이커도 이와 똑같은 방법을 썼다.

워너메이커는 하루에 한 번씩 필라델피아에 있는 그의 점포를 둘러보고 있었는데, 하루는 손님이 카운터 앞에서 점원을 기다리고 있는 모습을 발견했다. 하지만 점원들은 한쪽 구석에 모여서 잡담을 나누느라 그 부인이 와 있는 줄도 모르고 있었다. 워너메이커는 아무 말 없이 슬그머니 판매소 안으로 들어가서 주문을 받은 다음, 포장을 점원에게 시키고 그대로 가버렸다.

훌륭하고 감동적인 설교로 유명한 헨리 워드비처 목사가 세상을 떠난 것은 1887년 3월 8일이었다. 그 다음 일요일에는 비처 목사의 후임으로 라이먼 애보트가 교회에 초빙되어 첫 설교를 하게 되어 있었다.

라이먼 애보트는 정성껏 설교의 초고를 쓰고 세심하게 다듬었다. 유명한 목사의 후임이라는 부담감 때문에 그는 설교 원고가 완성되자 우선 아내에게 읽어 주고 원고가 어떤지 물었다. 원고를 보고 읽는 연설이란 으레 재미가 없게 마련인데 이것도 예외는 아니었다. 그의 아내는 혹시 이런 식으로는 말했을까?

"재미없어요. 이래가지고야 사람들이 어떻게 졸지 않을 수 있겠어요. 마치 백과사전을 읽는 있는 것 같잖아요. 그렇게 오래 설교를 해왔으면서 그 정도는 아실 거 아녜요. 좀 더 인간미가 흐르도록 자연스럽게 해야 해요. 게다가 당신은 헨리 워드비처 목사님 후임이잖아요. 그런 식으로 설교를 했다가는 창피를 당할 거예요."

아니다. 그의 아내는 현명한 사람이었다. 그녀는 다만 이렇게 말했을 뿐이었다.

"이 원고는 〈북미논평〉지에 실리면 굉장히 훌륭한 논문이 될 것 같은데요."

말하자면 그녀는 원고의 내용을 칭찬하면서 동시에 연설에는 적당하지 않다는 뜻을 교묘하게 내비쳤던 것이다. 물론 그 역시 아내의 말뜻을 알아차렸다. 그는 고생 고생해서 완성한 원고를 찢어버렸다. 그리고 다음 일요일에 메모조차 없이 성공적인 연설을 해냈다.

잘못을 바로잡는 비결 2
잘못을 간접적으로 알게 하라.
Call attention to people's mistakes indirectly.

---

3. 자기 잘못을 먼저 말하라

내 조카딸 조세핀 카네기는 3년 전에 캔자스시티의 부모 곁을 떠나 뉴욕으로 와서 내 비서 노릇을 하고 있다. 당시에는 지방의 고등학교를 나온 열아홉 살의 처녀로, 직장에서 일해 본 경험은 전혀 없었다. 지금은 그녀를 우수한 비서라고 할 수 있지만 처음 한동안은 실수만 저질렀다.

어느 날 나는 화가 나서 그녀를 야단치려고 벌떡 일어났다. 하지만 곧바로 마음을 돌려 나 자신을 타일렀다.

"잠깐만 기다려. 나는 조세핀보다 두 배나 더 살았고, 일의 경험도 그녀보다 몇만 배나 많아. 그런데 그녀에게 나와 같은 능력을 기대하는 거야? 그건 정말 말도 안 되는 거지. 사실 따지고 보면 내 능력이라는 것도 별것은 아니지만 말이야. 일단 내가 열아홉 살 때는 어땠는지 생각해 보자고. 그땐 나도 정말 실수투성이였잖아."

이렇게 공평한 입장에서 생각해 보니, 조세핀은 같은 나이 때의 나보다 훨씬 더 훌륭했다. 그래서 그때부터 나는 조세핀에게 주의를 시킬 때는 다음과 같이 말하기로 했다.

"조세핀 이건 좋지 않아. 물론 내가 지금까지 저지른 실수에 비하면 이 정도는 아무것도 아니지만 말이야. 처음에는 실수하는 것이 당연한 거야. 경험을 쌓아 가다보면 실수는 저절로 없어지게 마련이거든. 내가 네 나이였을 때에 비하면 지금의 넌 정말 잘하는 거야. 그래서 너에게 잔소리하는 게 미안하긴 하지만 이건 이렇게 하는 편이 낫지 않을까?"

다른 사람에게 잔소리를 꼭 해야 한다면 겸허한 태도로 하라. '나도 결코 완전하지 못해서 실수를 잘하지만' 하고 전제한 다음에 상대방의 잘못에 대해 주의를 주면 상대방은 그다지 불쾌한 생각을 하지 않게 마련이다.

독일제국의 마지막 황제 빌헬름 2세는 교만하고 안하무인이었다. 당시에 수상직을 맡고 있던 폰 뷜로 공은 이런 방법의 필요를 절실히 느꼈다.

빌헬름 황제는 방대한 육·해군을 거느리고 독일을 천하무적의 나라로 만들고 있었다. 그러던 중에 큰 소동이 벌어졌다. 영국을 방문하고 있던 황제가 엄청난 폭언을 했는데, 그 말들이 〈데일러 텔레그래프〉지에 고스란히 실린 것이었다.

'나는 영국에 호의를 갖고 있는 유일한 독일인이다.'

'나는 일본의 위협에 대비해서 대해군을 건설했다.'

'영국이 러시아와 프랑스의 공격을 받지 않고 안심하고 있을 수 있는 것은 모두 내 덕분이다.'

'남아전쟁에서 영국의 로버트 경이 승리한 것도 내 덕분이다.'

신문을 본 영국의 정계는 물론 국민들은 분노에 치를 떨었고, 독일 본국의 정치가들조차 황제의 독선적인 행동에 아연실색했다. 너무나 문제가 커지자 그처럼 당당하던 황제도 당황했다. 그래서 그는 급한 김에 뷜로 수상에게 그 책임을 전가하려고 마음먹고 뷜로에게 말했다.

"내가 말한 것은 모두 자네가 시킨 것이라고 선언하게."

"폐하, 제가 폐하를 움직여서 그런 말씀을 하시게 할 힘이 있다고 믿는 사람은, 영국이든 독일이든 한 사람도 없을 겁니다."

뷜로는 이렇게 대답하고 나서 아차 싶었다.

황제는 화가 머리끝까지 치밀어 호통을 쳤다.

"그러니까 자넨 내가 바보라는 건가? 자네라면 절대로 저지르지 않을 실수를 내가 저질렀다고?"

뷜로는 탓하기에 앞서 칭찬부터 했어야 했다는 것을 깨달았지만 때는 이미 늦었다. 하지만 뷜로는 역시 외교의 대가였다. 그는 재빨리 말을 바꿔 황제를 칭찬하기 시작했다. 그는 황제에게 공손하게 말했다.

"그럴 리가 있겠습니까? 저는 그런 뜻으로 말씀드린 것이 아닙니다. 저 같은 사람이 어떻게 폐하의 현명하심을 따라갈 수 있겠습니까? 육·해군에 관해서는 물론이고, 자연과학에 관해서도 폐하의 조예가 얼마나 깊으신지 저는 늘 경탄하고 있을 뿐입니다. 폐하께서 청우계나 무선전신, X-레이 등에 관해 설명해주실 때마다 저는 그저 탄복할 뿐 그 방면의 일에 대해서는 부끄러울 정도로 아는 바가 없으니까요. 간단한 자연현상에 대해서조차도 저는 정말로 아는 게 없습니다. 제가 아는 거라곤 고작 역사에 대한 약간의 지식과 정치, 특히 외교에 필요한 지식 정도뿐입니다."

황제의 얼굴에 미소가 떠올랐다. 뷜로가 황제를 추켜세우고 자기를 깎아내렸기 때문이었다. 이렇게 되면 황제는 어떤 일이라도 용서하게 마련이다.

"내가 늘 말했던 것처럼 서로 도와서 잘해 보세. 손을 굳게 마주잡고 전진하는 거야."

황제는 기분이 완전히 풀려서 환하게 미소를 지었다. 황제는 뷜로의 손을 굳게 잡고 누구든 뷜로를 나쁘게 말하는 놈은 혼내주겠다고 말하기까지 했다.

뷜로는 이렇게 위기를 모면했지만 그처럼 빈틈없는 외교가도 황제를 바보로 취급하는 실수를 범했다. 황제의 잘못을 지적하는 이야기가 아니라, 자신의 부족한 점과 황제의 뛰어난 점에 대한 이야기를 먼저 했어야 했는데 말이다.

　이러한 예를 보아도 알 수 있는 것처럼, 자신을 낮추고 상대방을 칭찬해 주는 몇 마디 말은 대인관계에 있어서 엄청난 효과를 발휘한다. 이것을 올바르게만 이용한다면 인간관계에 기적을 만들 수도 있을 것이다.

잘못을 바로잡는 비결 3

상대방을 비평하기 전에 자기 잘못을 먼저 말하라.

Talk about your own mistakes before criticizing the other person.

4. 명령하지 마라

미국의 전기작가 협회장인 아이다 타벨 여사와 식사를 함께 한 일이 있었다. 내가 인간관계에 관한 책을 쓰고 있다고 말하자 화제는 자연히 인간관계 대한 여러 가지 문제로 옮겨졌고 그녀는 오웬 D. 영의 전기를 쓰고 있을 때의 경험을 들려주었다.

영과 3년 동안 같은 사무실에서 일했던 사람에게 들었는데, 영은 "이렇게 해!" "그렇게 하면 안 돼!" 하는 명령 투의 말은 절대로 쓰지 않았고, 대신 "이렇게 생각해 보면 어떨까?" "이렇게 하면 괜찮을까?" 하는 식으로 상대방의 의견을 물었대요. 예를 들면, 비서에게 편지를 구술하여 받아쓰게 하고 나서 "이 편지를 어떻게 생각하나?"하고 묻거나 "여기는 이런 표현을 쓰면 더 좋을 것 같은데, 어떻게 생각하나?"하는 식이었다죠.

그는 상대방에게 절대로 명령을 하지 않고 자주적으로 일하게 했고, 실수하는 가운데서 스스로 깨닫고 배우게 했던 것이다. 이러한 방법을 쓰면 상대방은 스스로 잘못을 깨닫고, 그것을 고치게 된다. 그리고 상대방의 자존심을 손상시키는 일도 없고, 상대방에게 중요감을 줄 수도 있어, 반감 대신 협조적인 마음이 우러나게 되는 것이다.

> 잘못을 바로잡는 비결 4
>
> **명령하는 대신 의견을 물어라.**
>
> Ask questions instead of giving direct orders.

5. 체면을 세워주어라

언젠가 제너럴일렉트릭 회사는 찰스 스타인메츠를 부장으로 승진시키는 문제로 고민한 적이 있었다.

스타인메츠는 전기에 관해서는 천재적인 전문가였지만 무척 예민하고 신경질적인 사람이었기 때문에 기획부장으로서는 적임자가 아니었다. 회사로서는 그의 감정을 해치고 싶지 않아서 고민하다가 제너럴일렉트릭 회사 고문 엔지니어라는 새로운 직책을 마련해 그를 임명했다. 그가 하는 일은 별로 변동이 없었다. 그리고 기획부장에는 다른 사람을 발령했다.

스타인메츠는 새로운 직책에 만족했고 중역들도 물론 기뻐했다. 그렇게 까다로운 사람에게 체면을 세워줌으로써 승진 문제를 무사히 처리할 수 있었던 것이다.

상대방의 체면을 세워 준다! 이것은 무척 중요한 일이다. 그런데도 이 중요성을 이해하고 있는 사람이 과연 얼마나 있을까?

사람들은 흔히 자기 생각을 관철하기 위해서 남의 감정을 짓밟고 넘어간다. 상대방의 자존심 같은 것은 생각하지 않고 말이다. 다른 사람들이 보는 앞에서 고용인이나 자식을 야단치는 일이 얼마나 흔한가! 좀 더 신중히 생각하고 나서 다정한 말을 한두 마디 해주고 상대방의 심정을 이해해 주는 편이 훨씬 효과적인데도 말이다! 어쩔 수 없이 야단을 치거나 충고를 해야 할 상황이라면 이와 같은 일을 잘 생각해 주기 바란다.

다음은 공인회계사인 마샬 그렌저가 보낸 편지의 일부이다.

함께 일하던 종업원을 해고하는 것은 어떤 경우라도 유쾌한 일은 아닙니다. 내 심정도 이러할진대 해고당하는 사람의 심정은 오죽하겠습니까?

공인회계사 일은 계절을 타는 일이라 매년 3월이 되면 많은 해고자가 생기게 됩니다. 나는 이런 불쾌한 일을 가능하면 간단하게 처리하려고 노력하고 있습니다. 대부분의 동료 공인회계사들은 보통 다음과 같은 방법으로 일을 처리합니다.

"스미스 씨, 시즌이 끝났기 때문에 이제 더 이상 일이 없습니다. 어차피 바쁜 시기에만 일하기로 계약했던 일이었고요."

이 정도로 말해도 상대방은 심한 타격을 받습니다. 냉정하게 팽개쳐진 기분이 드는 것입니다. 그들 대부분은 회계 일로 평생을 보낼 사람들인데, 이렇게 간단히 해고하는 회사에 대해서는 애착을 느끼지 않습니다.

그래서 나는 임시직원을 해고할 때는 좀 더 다정한 방법을 써 보려고 생각했습니다. 나는 각자의 업무 실적을 자세히 조사한 다음, 그들을 불러서 다음과 같이 말하는 것입니다.

"스미스 씨, 당신의 일하는 솜씨에 정말로 감탄하고 있습니다. 얼마 전, 뉴욕으로 출장 가셨을 때는 정말 수고가 많으셨습니다. 일을 훌륭하게 처리해주셔서 우리 회사 체면이 섰습니다. 그만한 실력이 있으시니 어딜 가시든지 환영받으실 겁니다. 다음 시즌에도 함께 일하게 되기를 바랍니다."

그 결과 스미스 씨는 밝은 기분으로 나와 악수를 나누고 회사를 떠났습니다. 그는 자신이 해고당했다는 느낌 대신 자신의 중요성을 인정받았다는 사실에 마음이 한결 가벼웠을 것입니다. 그리고 회사가 바빠지면 내가 자기를 다시 고용할 것이라는 믿음을 가지게 되었을 것입니다. 실제로 나는 사람이 필요할 때 가장 먼저 그를 생각할 것입니다.

식품 포장회사의 마케팅 전문가인 안나 마조네는 직장에서 경험한 일을 이야기해 주었다.

신상품을 테스트 마케팅하는 임무가 주어졌어요. 회사에 들어가서 처음으로 맡은 중요한 임무였죠. 나름 열심히 한다고 했는데 테스트 결과가 나왔을 때 저는 정말 깜짝 놀랐어요. 기획 단계에서 중대한 실수를 범했다는 사실을 발견한 거예요.

테스트 전체를 처음부터 다시 해야만 하는 상황이었어요. 게다가 곧바로 열리는 회의 시간에 이 프로젝트에 대해 제가 보고하기로 되어 있었는데 직속 상사와 이 문제에 대해 의논할 시간조차 없었죠. 보고하라는 말을 들었을 때 저는 두려움으로 몸이 떨렸어요. 눈물이 쏟아질 것 같았지만 여자는 감정적이라 관리직에는 부적합하다는 말을 듣지 않겠다고 결심했어요.

저는 보고를 간단하게 끝냈습니다. 그리고 테스트 과정에서 제가 실수를 범했기 때문에 다음 회의 시간에 다시 보고하겠다고 말했습니다. 상사가 얼마나 펄펄 뛸지 각오해야 했죠.

하지만 상사는 전혀 화내지 않았어요. 오히려 처음 큰 프로젝트를 맡으면 실수할 수 있는 법이라면서 처음부터 완벽하게 잘하는 사람은 아무도 없다고, 이번 실수를 통해서 다음에는 정확하게 할 수 있을 거라고 격려해 주는 것이었어요.

동료들이 보는 앞에서 그는 저를 믿고 있다고 말했어요. 제가 최선을 다했다는 것을 알고 있다고 말했어요. 그리고 실패의 원인은 능력 부족이 아니라 경험 부족이라고 말했어요.

회의장을 나오면서 저는 자신감을 느꼈습니다. 그리고 다시는 그 상사를 실망시키지 않겠다고 굳게 다짐했죠.

상대가 아무리 명백한 잘못을 저질렀다 해도 그 사람의 체면을 세워주어야 한다. 체면을 잃는 것은 곧 자존심에 상처를 입는 것을 의미하기 때문이다.

프랑스의 전설적인 초창기 비행사이자 작가인 생텍쥐페리는
이렇게 썼다.

누구도 사람을 과소평가하는 말이나 행동을 할 권리는 없다.
중요한 것은 내가 그 사람을 어떻게 생각하느냐가 아니라 그가
그 자신을 어떻게 생각하느냐이다. 사람의 존엄성에 상처를 주
는 것은 죄악이다.

잘못을 바로잡는 비결 5
상대방의 체면을 세워주어라.
Let the other person save face.

---

6. 작은 일도 칭찬하라

내 오랜 친구인 피트 발로는 서커스단 단장이다. 그는 개나 망아지 등을 끌고 각 지방을 순회공연하면서 살고 있었다. 나는 피트가 개에게 재주를 가르치는 것을 구경하기 좋아했는데, 그것은 늘 공연 이상으로 재미있었다. 그는 개가 조금만 잘해도 엄청 크게 칭찬하면서 쓰다듬어 주고 먹이를 주곤 했다.

이 방법은 결코 새로운 것은 아니다. 동물의 훈련에는 옛날부터 써 온 수법이다. 그런데 누구나 다 아는 이토록 효과적인 방법을 우리는 왜 대인관계에 응용하지 않는 것일까? 사람들 사이에서는 왜 회초리 대신 고기를 주지 않고, 왜 비난 대신 칭찬을 주지 않는 것일까?

상대방이 조금만 발전하더라도 마음으로부터 칭찬해주어라. 그러면 그 칭찬에서 힘을 얻어 더욱 발전할 것이다.

심리학자인 제스 레러는 저서《나는 대단하지 않지만 나에게
는 내가 전부이다》에서 이렇게 쓰고 있다.

칭찬은 인간의 정신에 비치는 따스한 햇빛과도 같아서 우리는
칭찬 없이는 자랄 수도 없고 꽃을 피울 수도 없다. 그런데도 우
리들 대부분은 다른 사람들에게 걸핏하면 비난이라는 찬바람
을 퍼부어대기 일쑤고, 웬일인지 우리와 함께 살아가는 사람
들에게 칭찬이라는 따스한 햇볕을 주는 데 인색하다.

싱싱 형무소장인 루이스 로즈에 의하면, 범죄자들에게도 이런
방법이 아주 효과적이라고 한다. 나는 이 글을 쓰고 있는 중에
그에게서 편지를 받았는데 그 가운데 이런 말이 씌어 있다.

죄수들이 조금이라도 노력한 흔적이 보이면 나는 크게 칭찬해
줍니다. 그러면 그들은 새사람이 되고 싶은 기분을 느낍니다.
잘못을 심하게 꾸짖는 것보다 훨씬 효과가 있습니다.

나는 싱싱 형무소에는 들어가 본 일이 없다. 적어도 현재까지
는 말이다. 그러나 나 자신이 이제까지 걸어온 길을 돌아보면 칭
찬의 말이 내 생애에 큰 전환을 가져왔다. 누구에게나 그런 경험
은 있을 것이다. 역사상에는 그런 예가 얼마든지 있다.

지금으로부터 약 50년 전에 나폴리의 어느 공장에서 일하는 열 살 가량의 소년이 있었다. 그는 성악가가 되고 싶었다. 하지만 그의 선생님은 늘 그를 꾸짖었다.

"성악가라고? 어림없는 소리! 덧문이 바람에 끽끽거리는 것 같은 목소리로 무슨 노랠 한다고 그래?"

하지만 가난한 농부였던 그의 어머니는 풀죽은 아들을 껴안고 따뜻하게 격려해 주었다.

"너는 틀림없이 훌륭한 성악가가 될 거야. 엄마는 그것을 잘 알고 있단다. 실제로 너의 노래 실력은 날마다 향상되고 있잖니? 네 노래는 정말 듣기 좋아."

그녀는 살갗이 검게 타도록 일하며 아들에게 음악공부를 시켰다. 그리고 어머니의 끊임없는 칭찬과 격려는 소년의 일생을 바꾸어놓았다. 그 소년은 바로 당대의 가장 훌륭하고 유명한 성악가, 엔리코 카루소였다.

런던에 작가를 지망하는 소년이 있었다. 하지만 그에게 희망적인 조건이라곤 하나도 없었다. 학교는 4년밖에 다니지 못했고 아버지는 빚 때문에 형무소에 들어가 있었으며 너무 가난해 끼니조차도 잇기 힘든 형편이었다. 소년은 가까스로 일자리를 얻었다. 쥐가 득실거리는 지하 창고 안에서 구두약 통에 상표를 붙이는 일이었다. 밤이면 음침한 다락방에서 다른 소년 둘과 함께 잤다. 그 두 소년들은 빈민가의 부랑아였다.

그는 그들이 비웃을까 두려워서, 그들이 잠든 밤중에 살그머니 자리에서 빠져나와 글을 썼다. 그는 이렇게 쓴 처녀작을 남몰래 잡지사에 우송하곤 했는데 불행하게도 그의 원고는 늘 반송되어 왔다. 하지만 그는 좌절하지 않고 계속해서 글을 썼다.

그러던 어느 날, 그에게 기념할 만한 날이 찾아왔다. 드디어 그의 작품 하나가 채택되었던 것이다. 원고료는 한 푼도 받지 못했지만 편집장에게서 칭찬을 받았다. 그는 감격에 벅차 흘러나오는 눈물을 닦지도 않은 채 거리를 돌아다녔다. 자신의 작품이 활자화되어 세상에 나온다는 사실이 그의 일생을 완전히 바꿔 놓았다. 만일 그것이 아니었다면 그는 한평생 어두컴컴한 창고 속에서 살았을지도 모른다. 당신도 아마 이 소년을 알 것이다. 그는 바로 그 유명한 영국의 작가 찰스 디킨스였다.

지금으로부터 60년 전, 런던의 또 다른 소년은 어느 포목상에서 아침 5시부터 청소와 심부름을 하며 하루 14시간씩 혹사당하며 살고 있었다. 소년은 이런 중노동을 무려 2년이나 견뎌냈다. 마침내 그런 노예 생활을 도저히 참을 수 없게 된 그는 아침 식사도 거른 채 상점을 빠져나와 15마일을 걸어서 어머니에게로 달려갔다. 어머니는 남의 집에서 가정부 노릇을 하고 있었다.

그는 미친 듯이 울부짖으면서 그 상점에서 일하느니 차라리 죽겠다고 어머니에게 호소했다. 그리고 그는 모교의 교장선생님 앞으로 어려운 처지를 호소하는 장문의 편지를 써 보냈다.

며칠 뒤에 교장선생님에게서 답장이 왔다.

"자네처럼 두뇌가 명석한 사람은 그런 중노동에는 적합하지 않네. 지적인 일에 종사하는 것이 좋아."

그러면서 교장선생님은 그에게 학교의 교사 자리를 마련해 주겠다고 약속했다. 이 칭찬은 소년의 장래를 일변시켜 영문학 사상 불멸의 공적을 남기게 했다. 그는 77권의 저서를 쓰고 100만 달러 이상의 부를 펜으로 이룩한 조지 웰스였다.

비난 대신 칭찬을 해 주는 것은 B. F. 스키너의 기본 교육 개념이다. 위대한 심리학자인 스키너는 동물과 인간의 실험을 통해 비난을 최소화하고 칭찬을 극대화할 때, 사람들이 행하는 좋은 일은 더욱 좋게 되고, 좋지 못한 일은 관심을 두지 않게 되어 저절로 없어지게 된다는 점을 입증했다.

노스 캐롤라이나의 로키 마운트에 살고 있는 존 링겔스포는 자녀들에게 이 방법을 사용했다. 대부분의 다른 가정처럼 그들 가족 역시 부모 자식 사이의 대화라는 것은 주로 잔소리를 하는 것이었고, 잔소리를 하고 난 후에는 아이들이나 부모나 모두 기분이 나빠지는 것이었다.

링겔스포는 우리 강좌에서 배운 몇 가지 원칙을 사용해 보기로 마음먹었다.

우리는 아이들의 잘못에 대해 잔소리를 하는 대신 칭찬을 해보기로 결심했어요. 하지만 아무리 눈을 부릅뜨고 찾아도 눈에 띄는 것이라곤 늘 아이들이 잘못하고 있는 것들 뿐이었어요. 아이들의 칭찬거리를 찾아내는 것이 처음엔 정말 쉽지 않더군요. 아무튼 힘들게나마 몇 가지 칭찬거리를 찾아냈어요. 그리고 찾아낼 때마다 폭풍 칭찬을 해주었죠.

처음에는 아이들이 뭐지? 하는 반응을 보였지만 며칠 지나면서부터는 그렇게 잔소리를 해도 고쳐지지 않던 나쁜 버릇들이 사라지기 시작하더군요. 아이들은 우리가 해주는 칭찬을 굉장히 좋아했어요. 심지어는 좋은 일을 하려고 애쓰기까지 하는 거예요. 아내와 저는 정말 믿어지지 않아서 서로 마주보기도 했죠.

사람은 누구나 칭찬 받는 것을 좋아한다. 그리고 그 칭찬이 구체적일 때는 더욱 진지하게 가슴에 와 닿는 법이다.

명심하라. 우리는 모두 감사와 칭찬, 그리고 인정받기를 갈망하고 있으며 그것을 위해서라면 거의 무슨 일이든 한다.

사람들은 바뀔 수 있다. 우리가 만나는 사람들에게 자기 안에 숨겨진 보물을 깨닫게 할 수만 있다면 우리는 그 사람들을 바꾸는 것 이상의 일도 해낼 수 있다.

과장이라고? 그렇다면 미국의 가장 뛰어난 심리학자이자 철학자인 윌리엄 제임스의 말을 들어보자.

우리의 가능성에 비하면 우리는 반만 깨어 있다. 우리의 육체적·정신적 능력의 일부만 사용하고 있을 뿐인 것이다. 넓은 의미로 해석하면 인간은 자신의 능력 한계에 훨씬 못 미치는 삶을 살고 있다는 뜻이다. 인간이 가진 무한한 능력을 습관적으로 사용하지 못하고 있는 것이다.

그렇다. 당신은 습관적으로 사용하지 못하고 있는 무한한 능력을 가지고 있다. 그리고 당신이 제대로 사용하지 않고 있는 능력 가운데 하나는 아마도 다른 사람을 칭찬하여 그의 잠재력을 일깨우는 능력일지도 모른다.

잘못을 바로잡는 비결 6

**아주 작은 진전에도 칭찬하고,
진전할 때마다 칭찬하라.**
Praise the slightest improvement and praise every improvement.

---

7. 훌륭한 평판을 주어라

일을 잘하던 사람이 갑자기 일을 형편없이 하면 당신은 어떻게 하겠는가? 그 사람을 해고할까? 야단칠까? 하지만 그것으로 문제가 해결되는 것은 아니고 반감만 불러일으킬 게 뻔하다.

인디애나 주 로웰에 있는 대규모 화물 자동차 고객 서비스 부장인 헨리 헨키가 바로 그런 문제에 부딪쳤다. 오랫동안 함께 일하던 자동차 수리 직원이 요즘 들어 일하는 게 영 시원찮았던 것이다. 헨리 헨키는 그에게 고함을 지르거나 윽박지르는 대신 그를 사무실로 불러 마음을 터놓고 대화를 나누었다.

"빌, 자넨 훌륭한 기술자야. 그동안 자네가 수리한 자동차를 보고 고객들이 얼마나 칭찬을 많이 했나? 다들 아주 만족스러워했지. 그런데 요즘 무슨 일 있나? 일하는 데 시간도 많이 걸리고, 일도 예전 같지가 않아. 자네의 뛰어난 실력을 발휘해주기 바라네. 앞으로도 우리 서로 협력해서 잘해보세."

빌은 자기가 하는 일이 그렇게 절적으로 수준이 떨어졌는지 몰랐다고 말하면서 앞으로 신경 써서 잘해 보겠다고 약속했다.

그 다음부터 빌이 일을 더 잘했을까? 물론이다. 그는 다시 빠르고 뛰어난 기술자가 되었다. 헨리 헨키가 그의 직업적인 면에 대해 훌륭한 평판을 해주었기 때문에 그는 자기 평판에 걸맞은 사람이 되려고 노력했던 것이다.

볼드윈 기관차 제작회사의 사무엘 보클레인 사장은 이렇게 말하고 있다.

"상대방의 좋은 점을 찾아내 경의를 표해 주면 대부분의 사람들은 이쪽에서 바라는 대로 따라오게 마련이다."

요컨대 어떤 사람의 약점이나 특정한 일면을 개선하거나 바로잡으려면, 그 점에 대하여 그는 이미 다른 사람들보다 뛰어나다고 말해주는 것이 효과적이라는 뜻이다.

셰익스피어는 이렇게 말했다.

"덕이 없어도 있는 것처럼 행동하라."

상대방에게 어떤 장점을 발휘하게 하려면 그가 그 장점을 지니고 있는 것처럼 공공연히 대해주는 것이 최선이다. 좋은 평판을 세워 주면 기대를 배반하지 않도록 최선을 다해서 노력할 것이다.

헨리 리스너는 프랑스에 주둔하고 있는 미국 병사들의 품행을 개선하기 위하여 이 방법을 사용하였다.

어느 날, 명장 제임스 하보드 대장은 '프랑스에 주둔하고 있는 200만 미국 병사들은 가장 청렴결백하고 이상적인 군인'이라고 말했다. 물론 과장된 칭찬이었지만 리스너는 이 말을 잘 이용했다.

"나는 하보드 대장의 이 말을 모든 병사들에게 철저히 주지시켰습니다. 그의 말이 사실이든 아니든 그건 중요하지 않았습니다. 단지 장군이 이런 생각을 가지고 있다는 사실만으로도 병사들은 충분히 감동을 받을 것이고 장군의 기대에 어긋나지 않도록 노력할 테니까요."

조제트 르블랑은 그녀의 저서 《메테를링크와 함께 한 내 생애의 선물》에서 벨기에 출신의 신데렐라에 대해 이렇게 썼다.

우리집 근처의 호텔에서 심부름하는 소녀가 식사를 배달해 왔다. 그 소녀의 이름은 접시닦이 마리였는데, 사팔뜨기에다 피부도 거칠고 밭장다리였으며 무척 촌스러웠다.

나는 그녀에게 이렇게 말했다.

"마리, 넌 네 속에 얼마나 소중한 보물이 감춰져 있는지 잘 모르고 있구나."

자신의 감정을 숨기는 데 익숙해 있던 마리는 혹시 자기가 잘못 들었나 싶어서 감히 움직이지도 못하고 있다가 조금 지나자 식탁 위에 접시를 내려놓으며 천진하게 말했다.

"부인께서 말씀해주시지 않았다면 저는 그걸 정말로 몰랐을 거예요."

그 소녀는 내 말을 조금도 의심하거나 의문을 제기하지도 않았다. 아마 부엌으로 돌아가서 내 말을 몇 번이고 되뇌었을 것이다. 신념의 힘이란 바로 이런 것이다. 마리에게 신비한 변화가 일어났다. 마리는 얼굴과 몸을 가꾸기 시작했고 소녀 특유의 생기가 피어나면서 매력 넘치는 처녀로 변화한 것이다.

작은 칭찬 한 마디에는 이렇게 인생 자체를 변화시킬 수 있는 힘이 있다. 개를 죽이고 싶거든 먼저 그 개를 미친개로 만들라는 속담이 있다. 한 번 악평이 나면 만회하기 어렵다는 뜻이다. 반대로 일단 호평이 나면 어떻게 되겠는가? 부자든 가난뱅이든 도둑이든, 어떤 사람이라도 일단 자기의 호평이 나돌게 되면 대체로 그 호평에 어긋나지 않도록 노력하게 된다.

뉴욕시의 브루클린 초등학교에서 4학년 담임을 맡은 루스 홉킨스는 새학기 첫날 학급 명단을 훑어보았다. 명단을 보는 순간 새학기를 시작하는 기쁨과 흥분은 걱정으로 변했다. 그 학교에서 가장 다루기 힘든 말썽꾸러기로 소문난 토미 이름이 들어있었기 때문이었다. 토미는 단순한 말썽꾸러기 수준을 넘어선 지 오래였다. 학급의 규율을 무시하는 것은 말할 것도 없고, 아이들에게 툭하면 싸움을 걸고 여자아이들을 골탕먹이고 선생님이 뭐라고 해도 귓등으로도 듣지 않았다. 토미의 유일한 장점은 머리가 무척 좋아서 공부를 잘한다는 것이었다.

홉킨스 선생은 토미 문제를 먼저 해결하기로 결심했다. 반 학생들과 처음 만나는 자리에서 홉킨스 선생은 모든 학생들에게 각각 한마디씩 칭찬을 해주었다.

"로즈, 입고 있는 옷이 참 예쁘구나."

"알리샤, 넌 그림을 잘 그린다면서?"

토미의 차례가 되었을 때 홉킨스 선생은 토미의 눈을 똑바로 쳐다보면서 진지하게 말했다.

"토미, 너는 타고난 리더라면서? 올해에는 우리 반을 우리 학교 4학년 중에서 최고의 반으로 만드는 데 네 도움이 필요할 것 같구나. 물론 도와주겠지?"

홉킨스 선생은 그 다음부터 며칠 동안 토미가 하는 일마다 칭찬해 주고, 정말 훌륭한 학생이라고 추켜세웠다. 그렇게 높이 평가해 주자 아홉 살짜리 토미는 선생님을 실망시키지 않기 위해 노력했고 반에서 정말로 훌륭한 리더 역할을 해냈다.

"악한 사람과 접촉해야 할 경우에는 그를 존경할 만한 신사로 간주하고 대하라. 그것 말고는 그에게 대항할 방법이 없다. 신사의 대우를 받으면 그는 신사로서 부끄럽지 않게 행동하려고 노력할 것이고 다른 사람에게서 신뢰를 받았다는 사실을 무척 자랑스럽게 생각할 것이다."

이것은 싱싱 형무소 소장의 경험에서 나온 말이다.

다른 사람의 태도나 잘못된 행동을 바꾸고 싶다면 그 사람이 이미 훌륭한 태도를 갖고 있는 것처럼, 그리고 잘못된 행동을 이미 잘하고 있는 것처럼 대접하라.

잘못을 바로잡는 비결 7
상대방에게 기대에 부응할 훌륭한 평판을 주어라.
Give the other person a fine reputation to live up to.

8. 격려하라

내 친구 가운데 40대의 독신 남성이 있는데, 그 친구가 최근에 어떤 여성과 약혼을 했다는 반가운 소식을 전하면서 이렇게 덧붙였다.

"그런데 약혼녀가 나에게 댄스를 배우라는 거야. 뭐, 댄스야 젊었을 때부터 지금까지 20년 동안 쭉 추던 거니까 어려울 게 있겠나 싶어서 이번 기회에 제대로 한 번 배워보자고 마음먹었지. 그런데 내가 처음 찾아간 교습소 강사는 내 댄스가 엉망이라는 거야. 아마 사실 그대로 말한 거겠지. 하지만 처음 기본부터 다시 시작해야 한다는 말만 듣고도 싫증이 나더라고. 그래서 곧바로 그만두었어. 하지만 약혼녀와 약속한 게 있으니 그대로 포기할 순 없어서 며칠 뒤에 다른 교습소를 찾아갔지. 그곳 강사는 사실대로 솔직하게 말하지 않는 게 분명했지만 그래도 난 그 강사가 마음에 들더라고.

먼저 강사는 내 결점만 강조하여 아예 하고 싶은 의욕을 꺾어 버렸는데, 이 강사는 반대로 내 댄스가 시대에 뒤떨어지긴 했지만 기본이 잘 되어 있기 때문에 새로운 스텝도 문제없이 금방 익힐 수 있을 거라고 말하더군. 리듬감도 좋고 소질도 있다면서 내 장점을 칭찬하고 결점은 별로 말하지 않은 거지.

그런 말을 듣자 나는 내 자신이 서툴다는 것을 알면서도 연습하면 정말 잘 할 수 있을 것 같은 생각이 들더군. 아무튼 칭찬을 받은 덕분에 나는 열심히 댄스를 배우러 다녔고 처음보다 실력이 확실히 늘었어. 강사의 칭찬 덕분에 용기와 희망이 솟아나고 향상심이 일어났던 거야."

아이들이나 남편이나 종업원에게 바보라든가 무능하다든가 재능이 없다고 야단치는 것은 그들의 의욕과 향상심을 송두리째 잘라버리는 일이 된다. 이와 반대의 방법으로 나가야 한다. 용기를 갖도록 격려해주고, 마음만 먹으면 얼마든지 할 수 있다는 자신감을 갖게 해주고, 상대방의 능력을 믿고 있다는 사실을 알려주어야 한다. 그러면 상대방은 자기의 우수성을 보여 주려고 열심히 노력할 것이다.

인간관계에 있어서 뛰어난 재능을 갖고 있었던 로엘 토머스는 이런 방법을 매우 훌륭하게 이용하고 있다. 그는 사람을 분발시키고, 자신감을 갖게 하고, 용기와 신념을 심어 주는 일을 아주 잘한다.

얼마 전에 나는 토머스 부부와 주말을 함께 보냈다. 저녁식사를 끝내고 불이 활활 타오르는 난롯가에서 이런 저런 이야기를 나누다가 토머스가 브리지 게임을 하자고 제안했다.

브리지 게임을 하자고? 그런 걸 하면서 시간을 낭비하라고? 천만에! 나에게 브리지 게임 같은 건 정말 영원한 수수께끼다. 할 줄도 모르지만 그게 왜 재미있는지 도무지 알 수가 없다. 그런 걸 하느니 차라리 잠이나 자고 말지! 그런 건 절대 안 한다고! 하지만 토머스는 포기하지 않고 말했다.

"여보게 데일, 브리지 게임은 아주 간단한 거야. 그냥 기억력과 판단력만 있으면 되는 거라고. 자네는 기억력에 대한 책까지 쓴 일이 있잖아. 그러니 자네에게는 안성맞춤의 게임이야."

정신을 차려 보니 나는 어느새 생전 처음으로 브리지 게임 테이블에 앉아있었다. 그가 격려해 주는 바람에 나도 문제없이 할 수 있을 것 같은 생각이 들었던 것이다.

브리지 게임 하면 엘리 칼버트슨 생각이 난다. 아마 브리지 게임을 좋아하는 사람이라면 누구나 그의 이름을 알고 있을 것이다. 그가 쓴 브리지 게임에 관한 책은 각국어로 번역되어 이미 100만 부나 팔렸으니까. 하지만 그런 그도 어떤 젊은 여성에게서 '브리지 게임에 정말 놀라운 소질을 가지고 있다'는 감탄을 듣지 않았더라면 그 방면의 제1인자가 되지는 못했을 것이다.

칼버트슨은 1922년에 철학과 사회학 교사 자리를 알아보려고 처음 미국에 왔다. 하지만 적당한 일자리를 찾지 못하고 어쩔 수 없이 석탄 판매상도 하고, 커피 판매업도 하고, 그밖에도 여러 가지 일을 해 보았지만 뜻대로 되는 일이 없었다.

그 당시의 그는 브리지 게임 책을 쓸 생각은 꿈에도 없었다. 그는 트럼프 놀이도 서툴러서 다른 사람들에게 방해가 될 정도였다. 처음부터 끝까지 하나하나 물어 가면서 하는데다가 승부가 끝나면 게임의 결과를 꼬치꼬치 검토하는 성격이었기 때문에 아무도 그와 트럼프놀이를 하지 않겠다고 할 정도였다.

그런데 어느 날, 그는 조세핀 딜론이라는 미모의 브리지 교사를 만났다. 그녀는 그가 카드놀이를 할 때마다 카드를 면밀히 분석하고, 꼬치꼬치 검토하는 모습을 보고 이렇게 칭찬했다.

"당신은 선천적으로 카드에 소질이 있어요. 그걸 키워보도록 해요. 내 눈은 정확해요."

칼버트슨을 브리지의 권위자로 만든 것은 다름 아닌 그녀의 칭찬과 격려였던 것이다. 그것이 인연이 되어 두 사람은 결혼했다.

오하이오 주의 신시내티에서 우리 강좌의 강사로 있는 클레런스 존스는, 격려해 주고 잘못을 고치기 쉬운 것으로 보이게 하는 방법으로 자기 아들의 인생을 완전히 바꿔 놓은 경험에 대해 이야기해 주었다.

1970년 당시 데이비드는 15세였는데, 그 어린 나이에 이미 수 많은 어려움을 겪고 있었어요. 1958년에는 자동차 사고를 당해 머리 수술을 받았고, 이마에는 커다란 흉터가 남았죠. 1960년에 아이 엄마와 나는 이혼했고, 데이비드는 엄마를 따라 텍사스 주 댈러스로 가서 15세가 될 때까지 지진아를 위한 특수 학급에 다녔습니다. 아마 이마의 상처를 보고 학교 당국이 아이의 두뇌가 손상되었을 거라고 판단했던 것 같아요. 데이비드는 같은 나이 또래 아이들보다 2년 아래 학급에 속해 있어서 15세인데도 7학년이었어요. 그런데도 데이비드는 곱셈도 못했고 덧셈도 손가락으로 했어요. 게다가 잘 읽지도 못했어요.

데이비드가 나와 함께 살기 위해 신시내티로 왔을 때 나는 아이가 라디오와 텔레비전을 만지는 것을 좋아한다는 것을 알게 되었어요. 아이가 텔레비전 기술자가 되고 싶다고 말하기에 나는 열렬하게 격려해 주면서 기술자가 되려면 수학을 배워야 한다고 말해주었어요. 우리는 곱하기, 나누기, 더하기, 빼기의 암기 카드 4벌을 구입했어요.

우리는 매일 밤 카드를 수북이 쌓아놓고 수학 놀이를 했어요. 데이비드가 못 맞춘 카드는 따로 한쪽에 쌓아 놓았다가 못 맞춘 카드가 다 없어질 때까지 놀이를 했죠. 아이가 답을 맞출 때마다 정말 열렬하게 칭찬해 주었어요. 특히 전에 틀렸던 카드를 맞출 때는 더 그랬죠. 우리는 이제 8분 안에 카드를 다 맞추는 것을 목표로 정했어요. 처음에는 정말 불가능할 것처럼 보였죠.

처음에는 52분이 걸렸고, 다음에는 48분, 그리고 다시 45분, 44, 41…… 시간이 점점 줄어들었어요.

우리는 시간이 줄어들 때마다 열렬히 축하했어요. 나중에는 아내까지 신시내티로 오게 해서 함께 아이를 포옹하고 춤을 추면서 난리를 피웠죠. 그렇게 한 달이 지나자 아이는 정말로 8분 안에 모든 카드의 정답을 맞추었습니다.

아이는 조그만 진전이 있을 때마다 다시 하겠다고 요청했어요. 배우는 것이 쉽고 재미있다는 것을 알게 된 거죠.

자연히 데이비드의 수학 점수는 놀라울 정도로 높아졌어요. 곱셈을 할 수 있게 될 때 수학이 얼마나 쉬워지는지 여러분도 알고 있을 겁니다. 데이비드는 수학에서 B를 받자 스스로도 깜짝 놀랐습니다. 독서 능력도 믿을 수 없을 정도로 빨리 향상되었고, 그림에도 탁월한 재능을 보였습니다. 학년이 끝나갈 무렵에는 과학 선생님이 데이비드에게 과학 전시회에 작품을 출품해 보라고 권할 정도였죠.

데이비드는 지렛대의 효과를 나타내는 아주 복잡한 일련의 장치들을 만들기로 결정했어요. 그것은 제도를 해야 하고 모델 제작도 해야 했으며 무엇보다 복잡한 어려운 수학 공식을 적용해야 하는 것이었습니다.

그 작품은 교내 전시회에서 1등을 차지했고, 신시내티 전체의 과학 전시회에서도 3등을 차지했습니다.

데이비드가 드디어 해낸 거였죠! 다른 아이들보다 2학년이나 뒤떨어지고 뇌에 손상을 입었다고 지진아 학급에 보내졌던 아이가, 친구들에게 프랑켄슈타인이라고 놀림을 받던 그 아이가 똑똑하고 잘난 아이들을 다 제치고 상을 받은 것이었습니다.

데이비드는 자기가 배울 수 있고 어떤 일이든 성취할 수 있다는 자신감을 얻었습니다. 그 결과는 어땠을까요? 8학년 2학기부터 고등학교를 마칠 때까지 데이비드는 한 번도 우등생 대열에서 빠진 적이 없습니다. 배우는 것이 쉽다는 것을 알게 되자 아이의 인생이 완전히 바뀐 것입니다.

다른 사람이 발전하도록 도와주고 싶다면 클레런스 존스처럼 열렬하게 칭찬하고 격려해 주어라.

잘못을 바로잡는 비결 8

격려하라.
잘못을 쉽게 고칠 수 있다고 느끼게 하라.
Use encouragement. Make the fault seem easy to correct.

---

9. 가까이 협력하게 하라

1915년 온 유럽이 제1차 세계대전의 소용돌이에 말려들자 미국도 방관만 하고 있을 수는 없게 되었다. 과연 평화를 회복할 수 있을지는 아무도 알 수 없었지만 윌슨 대통령은 노력해 보기로 결심하고, 일단 전쟁 당사국의 지도자들과 협의하기 위해 평화사절단을 파견하기로 했다.

열렬한 평화주의자인 국무장관 윌리엄 제닝스 브라이언은 그 임무를 간절하게 맡고 싶어 했다. 인류 평화에 기여하고 자기의 이름을 영원히 남길 절호의 찬스라고 생각했던 것이다. 하지만 윌슨 대통령은 브라이언의 절친한 친구인 하우스 대령을 그 자리에 임명했다. 이렇게 되자 하우스 대령은 입장이 난처해졌다. 브라이언이 얼마나 열렬하게 그 일을 맡고 싶어 하는지 알고 있었기 때문에 어떻게 브라이언의 감정을 상하지 않게 하면서 이 사실을 알릴 수 있을지 고민이었던 것이다.

당시의 상황을 하우스 대령은 그의 일기에 이렇게 쓰고 있다.

나는 브라이언에게 사실대로 말했다. 브라이언의 얼굴에 실망
의 빛이 뚜렷이 나타났다. 그는 조금 전까지만 해도 자기가 그
임무를 맡게 줄 알았다고 말하면서 지금도 그런 마음에는 변
함이 없다고 말했다.
그래서 나는, 대통령은 평화사절단을 공식적으로 파견하는 것
은 현명하지 못하다고 생각하고 있는데, 국무장관이 가게 되
면 세상의 이목을 끌게 되어 곤란하기 때문에 어쩔 수 없었을
것이라고 말했다. 그러자 그의 얼굴이 활짝 피었다.

당신은 이 말이 암시하는 것을 알 수 있을 것이다. 하우스 대령
은 브라이언에게 당신은 너무나 유명하고 중요한 인물이기 때문
에 그런 사소하고 비공식적인 임무에는 적합하지 않다고 말함으
로써 브라이언의 자존심을 지켜주면서 자연스럽게 문제를 해결
한 것이다. 물론 브라이언 국무장관은 만족했다.

 윌슨 대통령이 윌리엄 매카도우를 각료로 끌어들일 때에도 하
우스 대령과 같은 방법을 썼다. 행정부의 각료로 발탁된다는 것
은 누구에게나 명예로운 일이 아닐 수 없다. 윌슨은 그것을 충분
히 이용해 각료를 임명했다. 즉 각료라는 직책을 부여함에 있어
서 당사자의 중요성을 배가시키는 방법을 썼다.

그러면 여기에서 매카도우 자신의 말을 들어 보도록 하자.

"윌슨은 나에게, 지금 조각을 하고 있는 중인데 재무장관을 맡아 주면 매우 고맙겠다고 말했다. 정말로 마음을 흐뭇하게 해 주는 표현 방법이었다. 이 명예로운 지위를 맡는 것이 오히려 내가 대통령에게 은혜를 베푸는 일이 되는 것 같은 느낌이 들게 했기 때문이다."

하지만 불행하게도 윌슨이 언제나 이와 같은 방법을 취한 것은 아니었다. 만약 그가 이 방법을 일관해서 사용했더라면 아마 역사는 틀림없이 바뀌었을 것이다.

예를 들면, 윌슨은 국제연맹 가입문제로 상원의원들을 분노하게 하고 공화당을 무시했다. 인간관계를 무시한 이러한 방법은 그 자신의 실각을 초래하고, 건강을 해쳐 수명을 단축시켰으며, 미국을 국제연맹 불참가국으로 만들어 세계역사의 진로를 바꾸어 놓고 말았다.

더블데이 페이지라는 출판사에서는 이 법칙을 잘 준수하고 있는 것으로 유명하다.

세계적인 단편작가인 미국의 O. 헨리는, 이 회사에서는 출판을 거절할 때 어찌나 공손하게 거절하는지, 다른 출판사에서 출판을 수락해 주는 것보다 이 출판사에서 거절당하는 편이 오히려 더 즐거울 정도라고 말했다.

뉴욕의 대형 인쇄회사 사장인 J. A. 윈트는, 얼굴만 마주치면 불평을 해대는 기계공의 태도를 고쳐주어야겠다고 마음먹고 상대방의 감정을 상하지 않게 충고할 수 있는 방법을 연구했다.

그는 타이핑과 밤낮없이 돌아가는 인쇄기계를 조정하는 일을 맡고 있었는데, 노동시간이 길고 일의 양이 너무 과중하여 조수가 필요하다는 불평을 입에 달고 살았다.

윈트 씨는 조수도 붙여 주지 않고 작업량도 줄이지 않으면서도 그 기계공을 만족시켰다. 그에게 방을 하나 따로 준 것이다. 문에는 그의 이름과 함께 수리계장이란 직함이 붙어 있었다.

그는 이제 평사원이 아니라 어엿한 수리계장이 된 것이다. 그는 권위를 부여받고, 사람들의 인정을 받게 되어, 자기의 중요감이 충족되자 이제까지의 불평을 잊고 열심히 일하게 되었다.

이것은 유치한 속임수처럼 생각될지도 모른다. 하지만 나폴레옹 1세도 이와 비슷한 수법을 썼다. 그는 자기가 제정한 레지옹 도뇌르 훈장을 1천5백 개나 뿌렸고, 18명의 장군에게 프랑스 대원수라는 칭호를 주었으며, 자기의 군대를 불패의 부대라고 불렀다. 사람들이 장난감 따위로 속이는 짓이라고 비난하자 그는 이렇게 대답했다.

"맞는 말이다. 하지만 때론 장난감에 지배당하는 게 바로 인간이다."

이와 같은 나폴레옹의 방법, 즉 직함이나 권위를 부여해 주는 방법은 우리들이 사용해도 효과가 있다. 젠트 부인의 경우를 소개하겠다.

부인은 동네 개구쟁이들이 툭하면 정원으로 침입해 들어와서 잔디밭을 망가뜨려 놓는 바람에 이만저만 성가신 게 아니었다. 위협하기도 하고 달래도 보았지만 전혀 효과가 없었다.

마침내 부인에게 묘안이 떠올랐다. 부인은 동네에서도 가장 개구쟁이로 손꼽히는 아이를 불러 탐정으로 임명했다. 소년에게 잔디밭에 침입하는 녀석들을 단속할 권위를 준 것이다.

이 방법은 놀라운 효과가 있었다. 가장 말썽꾸러기가 말썽을 피우지 않게 되었다는 것이 무엇보다 큰 변화였다. 게다가 탐정이 된 소년은 정원에 침입하는 다른 소년들을 열심히 단속했고, 심지어 저녁 늦게까지 뒤뜰에 모닥불을 피워 철봉을 새빨갛게 달구어 놓았다가 개구쟁이들이 정원으로 침입하면 그것을 휘둘러 추방하기까지 했다.

훌륭한 지도자가 되고 싶은 사람들, 직원들의 잘못된 행동을 수정해줄 필요를 느끼고 있는 사람들, 또는 다른 사람의 행동이나 태도를 바로잡아줄 필요를 느끼고 있는 사람들은 다음과 같은 원칙을 늘 마음속에 간직하고 있어야 한다.

1. 성실하라. 자신이 할 수 없는 일은 절대로 약속하지 말라. 자기 이익은 잊어버리고 다른 사람의 이익에 집중하라.
2. 다른 사람이 원하는 것을 파악하라.
3. 다른 사람의 입장에서 동정적으로 생각하라.
4. 내가 상대에게 제안하는 일이 그 사람에게 어떤 이익을 주는지 생각하라.
5. 상대에게 제안하는 일에서 생기는 이익이 그의 소망과 일치하게 하라.
6. 어떤 일을 요구할 때는 그 일을 함으로써 그에게 어떤 이익이 돌아가는지 암시하는 방식으로 하라.

사람들은 대부분 이런 식으로 무뚝뚝하게 명령한다.

"존, 내일 손님이 오시기로 했으니 창고를 청소하게. 물건도 제대로 정리해 두고 카운터도 깨끗이 청소해 두게."

하지만 같은 내용이라도 이렇게 말하면 어떨까?

"존, 내일 손님들이 오시기로 했는데 창고도 보여줄 생각이야. 그런데 지금 살펴보니까 너무 정리도 안 되어 있고 지저분한 것 같아. 창고는 회사 이미지와 직결되는 거라 창고가 깨끗하게 잘 정리되어 있으면 우리 회사에 대한 신뢰감이 높아지는 효과가 있거든. 지금 창고 청소를 시작하면 느긋하게 제대로 할 수 있을 것 같은데 자네가 좀 해주겠나?"

그렇다고 존이 신나서 청소를 하리라 기대할 수는 없겠지만 앞에서 명령한 것보다는 훨씬 기분 좋게 일할 것이다. 존이 창고의 청결함에 자부심을 느끼게 될 것이고, 무엇보다 그것을 책임자인 당신이 알고 있다는 것이 그에게는 중요한 점이다.

잘못을 바로잡는 비결 9

**당신이 제안한 일을
상대방이 기꺼이 하게 만들어라.**

Make the other person happy about doing the thing you suggest.

▶ 나의 실천사례

이름 :   날짜 :

내용 및 결과 :